은준인(隱準人)
(은퇴를 준비하는 사람들)

와일드북

와일드북은 한국평생교육원의 출판 브랜드입니다.

은준인(隱準人-은퇴를 준비하는 사람들)

초판 1쇄 인쇄 · 2019년 3월 15일
초판 1쇄 발행 · 2019년 3월 20일

지은이 · 김관열
발행인 · 유광선
발행처 · 한국평생교육원
편　집 · 장운갑
디자인 · 이종헌

주　소 · (대전) 대전광역시 유성구 도안대로589번길 13 2층
　　　　　(서울) 서울시 서초구 반포대로 14길 30(센츄리 1차오피스텔 1107호)
전　화 · (대전) 042-533-9333 / (서울) 02-597-2228
팩　스 · (대전) 0505-403-3331 / (서울) 02-597-2229

등록번호 · 제2015-30호
이메일 · klec2228@gmail.com

ISBN 979-11-88393-13-8 (13190)
책값은 책표지 뒤에 있습니다.
잘못되거나 파본된 책은 구입하신 서점에서 교환해 드립니다.

이 도서의 국립중앙도서관 출판예정도서목록(CIP)은 서지정보유통지원시스템 홈페이지(http://seoji.nl.go.kr)와 국가자료공동목록시스템(http://www.nl.go.kr/kolisnet)에서 이용하실 수 있습니다.(CIP제어번호: CIP2019007224)

隱 은

퇴를 準

비하는

준

인 人

사람들

'ART 코치(국내 1호)'가
제시하는 품격 있는
은퇴 생활을 위한
'은퇴 준비 실전 지침서'

김관열 지음

와일드북
WILD

제5장 은퇴 시기에도 꼭 필요한 일정관리

부록 내 블로그 홈 베이커리 '킬리만자로' 중 발췌

은퇴의 승패는 '준비'에 있다

정년퇴직이 이렇게 빨리 다가올 줄 몰랐다.

예전에는 언젠가 오겠지만 그때 가서 준비하면 되겠지 정도로 가볍게 생각했다. 그러나 정해진 나이가 되어 정년퇴직자가 되었고 그것도 정년 연장의 덤까지 얻으면서 정년퇴직의 그날을 맞이했다.

하지만 사실 '정년퇴직'이라는 단어보다 '청년퇴직'이라는 단어가 더 적절하다고 느껴진다. 아직도 여전히 신체적으로나 정신적으로나 현직을 능히 감당할 수 있는 상태라 느끼기 때문일 것이다.

이렇듯 현직에서 물러나기에는 너무 이르다고 생각되는데 퇴직의 수순에 들어가다니 많이 당황스러웠다.

이렇게 '정년퇴직'이 아닌 '청년퇴직'을 맞이한 우리들의 은퇴 시기의 삶은 분명 과거 우리 선배들의 시대보다는 훨씬 더 미묘한 의미가 내포하고 있을 것이라고 짐작된다.

흔히 요즘은 '백 세 시대'라고들 한다. 그러나 내 생각으로는 오늘날의 인생을 30+30+30 '트리플 서티Triple thirty'라 표현하여 3단계로 나눈다면 훨씬 더 설득력이 있어 보인다.

처음 30년은 신체적으로 성장하여 교육을 받고 독립을 준비하는 시기이고, 다음 30년은 독립해서 한 가정을 이루어 경제활동을 하는 시기이며, 나머지 30년은 퇴직 후 제2의 인생을 살아가는 시기로 우리는 이 마지막 시기를 '인생 2막'이라 부르고 있다.

어쨌든 우리의 인생은 100세이든 90세든 분명 수명이 길어짐에 따라 마지막 인생 2막에 대한 관심이 커지고 있으며 이에 대한 준비도 새롭게 가져가야 될 것이다. 즉 우리들의 퇴직 후의 품격 있는 삶을 위해서는 무엇보다도 준비가 필수적이라 할 수 있다.

하물며 우리는 퇴직 후의 삶에 대한 준비가 얼마나 되어 있을까?

우리의 대다수는 충분히 잘 준비되어 있지 않다고 말하고 있다. 왜냐하면 무엇을 어떻게 준비해야 하는지를 모르기 때문이다.

나는 지난 2년간의 임금피크제 기간 중 아무도 가르쳐 주지 않는 답을 찾기 위해 많은 시행착오를 거쳤다. 그 결과 나는 가장 평범한 사람들이 참고할 만한 품격 있는 은퇴생활 준비를 위한 나만의 가이드라인을 정립하게 되었다. 이 가이드라인을 기초로 각자가 자기와 가장 잘 어울리는 은퇴 준비를 한다면 정년퇴직으로 인해 야기되는 자존감 파괴에서 벗어나 오히려 더 강한 자존감 확립을 기할 수도 있다고 본다. 이는 곧 미래에 대한 가장 신나는 새로운 도전이며 우리의 바람직한 미래상이 될 것으로 확신한다.

은퇴 준비가 잘되어 있는 사람은 은퇴가 불안을 야기하거나 무기력해지는 시기가 아닌 행복하고 품격 있는 생활을 가져 올 것이다.

자신이 선택한 여러 가지 여가 생활을 즐기는 시기이고, 또한 새로운 일이나 직업을 가질 수도 있는 여유로운 시기로 받아들일 수 있다. 하지만 은퇴 준비가 제대로 되지 못한 사람은 퇴직으로 인한 일상의 변화로 우울감, 대인관계 단절에 따른 외로움, 역할 변화에 따른 자기 정체감의 혼돈, 고립감 등을 느끼면서 은퇴를 부정적으로 받아들이게 될 것이다.

그런 사람은 지금까지 아무리 열심히 살아왔다 하더라도 '트리플 서티Triple thirty'의 마지막 30년을 망치게 되는 것이다. 그렇지 않기 위해서는 은퇴에 대한 준비는 반드시 필요한 것이다.

나는 그동안 약 2년에 거쳐 이 문제를 풀기 위해 연구하였고 내 경험을 통해 준비한 내용을 모두 모아 여기 한 권의 책으로 엮게 되었다. 우리의 은퇴 시기가 정말 행복하게 되는 모든 해법들을 모아서 모두 이 책 속에 담고자 노력했다.

그러나 이 책의 내용은 나의 실전 경험에서 찾아낸, 내 경우에 해당하는 하나의 예시일 뿐이라는 점을 분명히 밝힌다. 다만 독자 여러분들은 이 책에서 제시한 내용들을 음미하다 보면 누구나 더욱 훌륭한 해법을 창출해 낼 수 있다는 것을 확신한다.

마침내 그날이 왔다. 2017년 1월 15일.

정년 연장에 따른 임금피크제 대상 직원으로 발령받아 오후에 박스 하나 달랑 들고 시니어 전문원이라는 몹시 생소한 신분으로 사무실을 후임자에게 물려주고 임시로 만든 공간으로 나왔다. 몹시도 당황스러웠다. 현직에서 탈피한다는 해방감 또한 컸지만 지금부터 무엇을 어떻게 해야 할지에 대한 두려움과 막연함이 더 크게 다가왔다. 그것도 사무실에서 나온 지 불가 몇 시간만의 일로 기억된다. 다들 그런가 하는 의문이 들었지만 다른 특별한 묘수 같은 것은 없었다. 단지 그 압박감을 담담하게 감내하고 있을 수밖에 없었다.

대학시절과 군 복무를 마치고 1984년 당시 취업 준비생들 사이에 꽤 인기가 있었던 공기업에 어려운 경쟁력을 뚫고 입사하여 34년 10개월을 한 직장에서 계속 근무하게 된 것은 어쩌면 나에게 큰 행운이었는지 모른다.

많은 사람들이 공기업에 대한 불편한 편견을 다소 가지고 있지만 적어도 내가 느낀 나의 직장 생활은 항상 긴장의 연속이었다. 특히 홍보과장, 홍보부장, 지역 협력팀장, 대외협력실장, 대외협력처장직을 맡아 달려 최근 20여 년간의 생활은 원자력이라는 특수성 때문에 정말 녹록치 않은 삶을 살아왔다고 생각한다. 그리고 2년간의 정년이 연장되면서 만 60세가 되는 해인 2018년 12월에 퇴직하게 되었다.

주어진 2년간의 임금피크제 기간을 잘 보내면 뭔가 후반기 인생에 대한 답이 있겠지 하는 생각을 하면서 임금피크제 근무가 시작되었다.

임금피크제 기간 동안에는 모든 결재 라인에서 제외됨으로 인해 실무 책임자로 있을 때보다는 시간적 여유도 생겨 그동안 해보지 못했던 퇴직 후의 삶에 대해 상상해 보면서 각오를 다졌다. 그리하여 임금피크제 기간 첫날부터 주어진 시간을 가장 유용하게 보내자는 의미에서 시간이 날 때마다 그동안 읽지 못했던 책을 미친 듯이 읽기 시작했다. 그곳에 나의 미래가 있고 완성된 나의 노후가 기다리고 있다고 생각했다.

그렇게 보낸 3개월간 읽은 책의 양은 몇 년간 읽었던 것보다 많은 분량이었으며 대체로 이러한 생활에 만족한 듯 보였다. 아무도 은퇴를 준비하는 나의 생활을 구체적으로 조언해 주지 않았기에 그러면 되는 줄 알았다.

특히 2주간 임금피크제 퇴직 예정자 직원을 대상으로 하는 '헬로! 마이 라이프'라 교육을 받았으니 이젠 퇴직 후에 잘 생활할 수 있겠지 하고 생각했다.

교육 후에도 특히 신경 쓸 부분이 없어 시간을 헛되게 보내지 않기 위해 또 많은 책을 읽어 갔다. 그러던 중 1년 전 복합적인 요인으로 인해 한쪽 눈은 거의 실명에 가까운 상태였거니와 두 눈에 인공 조형물 삽입 수술을 받은 터여서 눈의 피로감은 점점 커져만 갔다. 따라서 이것이 진정 퇴직 후 삶에 대한 해답을 구하려는 노력인지 의구심이 생기기 시작했고, 갑자기 이건 아니라는 판단과 함께 새로운 방향 전환이 필요하다는 생각이 강하게 들었다.

그리하여 이제 남은 기간을 좀 더 디테일하게 관리하지 않으면 안 되겠구나 싶어 앞으로 하는 모든 일을 보다 구체화시키는 작업을 시작했다.

그 출발점은 퇴직 후의 삶을 어떻게 살 것인가를 분석하는 일이었다.

퇴직 후의 삶은 사람마다 모두 다를 것이다. 자연스럽게 다른 직종에 연결되어 몇 년간 재취업하는 경우도 있고, 또 평소 생각해왔던 분야에 새로운 도전을 위해 창업을 하는 경우도 있을 수 있다. 아니면 재취업을 희망하지만 마땅한 자리를 구하지 못해 고민하는 사람도 있을 것이다.

그리고 이제 퇴직했으니 여행부터 떠나는 사람도 있고 평생을 기다려 왔다면서 적당한 시골을 찾아 농사를 지어야겠다는 사람도 있다.

먼저 퇴직한 입사 동기 한 명이 TV에 출연한다고 동기들 사이 단체 카톡이 와서 프로그램을 시청했더니 퇴직 후 밖에 안 나가고 하루 종일 집에서 TV만 시청한다고 아내가 방송사 고발 프로그램에 제보해 출연한 동기도 있었다.

은준인隱準人, 은퇴를 준비하는 사람들이라는 뜻이다.

그러나 내가 본 은준인들은 서로가 정확히 표현은 안 할지라도 많이들 방황하고 있었다. 나 역시 그들과 마찬가지로 그렇게 방황하고 있었지만 은퇴라는 시기는 슬금슬금 나에게 다가오고 있었다. 아주 가까이에서 말이다.

그럼에도 불구하고 나에게는 아무런 계획도 없었다. 창업을 고민했지만 돈 들어가는 짓거리는 하지 말라는 아내의 야무진 최후통첩에 그냥 살포시 접었고, 돈 안 드는 곳에 어디 재취업해서 돈을 벌어 오라는 무언의 암시라 느끼며 고민이 깊어만 갔다.

그런데 묘한 생각이 들었다.

35년을 직장생활하면서 통장채로 급료를 아내에게 바쳤고 선머슴 동냥 받듯 용돈을 받아 각박하게 살아왔었다. 물가인상 등을 이유로 용돈 인상에 대한 나의 간절한 요구도 묵살되어 오면서 우리는 그렇게 살아왔다.

어쨌든 아내의 이러한 피나는 공로로 이제 그냥 먹고살 만한 것 같은데 퇴직하는 순간부터 또 돈을 벌기 위해 스스로 고민을 해야 하다니 욕심인지 바보인지 모르겠다는 생각이 들었다.

이것이 대한민국의 정년퇴직 남성의 현실로 느껴졌다. 평생을 가족을 위해 일해 왔는데 퇴직 다음 날부터 또 새로운 돈벌이를 고심해야 하다니 참으로 답답한 노릇이었다.

왜 그럴까? 진지하게 고민해 보았다.

우리들의 아내가 그렇게 일방적인 사람들이 아닐 텐데 왜 우리는 이러한 고민에 빠져야 되는지 알쏭달쏭했다. 한참을 고심한 끝에 나는 나 자신을 설득할 수 있는 답을 찾게 되었고 이제 그 답을 제공하려 한다.

우리 주변의 많은 퇴직자들이 자신들의 삶에 만족하지 못하고 있음은 두말 할 것도 없는 기정사실이다. 심지어 외부의 통로를 단절시킨 채 은둔생활을 하는 경우도 있다. 은퇴에 대한 준비가 없다면 그렇게 은둔인隱遁人이 될 수도 있는 것이다.

그런데도 준비는 마땅찮다. 아무도 정확히 도와주지 않기 때문이다.

여기에서 언급하는 내용은 퇴직 후 창업이나 재취업에 대한 얘기가 아니라 그와는 별도로 퇴직 후 은퇴 시기의 삶을 보다 의미 있고 보람되고 행복한 삶을 살기 위한 준비가 잘되어 있어야 한다는 것이다. 그러한 삶은 곧 '품격 있는 은퇴생활'이라고 할 것이다. 그럼에도 이에 대한 현실적 실전 가이드라인이 없다는 것을 알게 되었다.

결국 이러한 상황에서 스스로 은퇴 준비에 대한 가이드라인을 만들어 보자고 결심했다. 왜냐하면 그래야만 다른 은퇴 준비자들이 따라 할 수 있기 때문이었다. 이러한 배경에서 창출된 것이 '은퇴 준비 4가지 영역'과 '자기 핵심 브랜드self-core brand' 만들기다.

아마도 지금까지 이렇게 실전을 통해 정립된 은퇴 준비의 구체적 실천 방법을 제시한 경우는 없다고 본다.

나는 사람들에게 'ART 코치(국내 1호)'로 인식되기를 바라고 있다. 'ART'는 'After retirement'에서 따온 약어로서 '퇴직 후'라는 의미다. 즉 '퇴직 후 은퇴 시기의 품격 있는 삶'이라는 의미를 포함하고 있다. 이에 대한 충실한 코칭의 역할이 바로 'ART 코치'의 역할이라 할 수 있다. 자기 경험을 바탕으로 한 은퇴 준비 실전 전문가로서는 국내 최초이기 때문에 'ART 코치(국내 1호)'가 된 것이다.

그럼 은준인隱準人 여러분들께 몇 가지 질문을 던지고자 한다.

퇴직 후 매일 고정적으로 갈 곳이 구체적으로 정해져 있는가?

자기 주도하에 사용할 생활자금이 구체적으로 준비되어 있는가?

퇴직 후 혼자서 멋지게 삶을 즐길 준비가 구체적으로 되어 있는가?

퇴직 후 타인과 함께 즐길 거리가 구체적으로 무엇인가?

퇴직 후 끝까지 배우고 도전하고자 하는 일들이 구체적으로 있는가?

누군가를 위해 무언가 봉사하겠다는 준비가 구체적으로 되어 있는가?

퇴직 후 그동안 꼭 하고 싶었던 일들을 어떻게 성취할지에 대해 구체적 준비가 되어 있는가?

하루의 시간 관리나 한 달의 시간 관리를 어떻게 할지 구체적으로 준비되어 있는가?

위의 질문 중 하나라도 되어 있지 않다면 여러분은 은퇴 준비가 미흡하다고 볼 수 있다. 하물며 하나도 준비되어 있지 않다면 심각한 상황이다. 하지만 염려하지 않아도 된다. 지금부터 차근차근 만들어 가면 되는 것이다.

이 모든 것들의 준비를 완벽하게 갖춘다는 것은 쉽지 않을 것이다. 특히 구체적으로 준비해야 하므로 더욱 쉽지 않을 것이다. 각자의 생각이나 취향이 다르듯 각자의 생활 방식 또한 다를 것이며 특히 은퇴 시기의 삶의 내용도 각자가 다를 것이다. 무엇을 선택하고 어떤 길을 가든지 구체적 준비 없이는 많은 시행착오를 거치게 된다.

따라서 이 책은 여러분의 품격 있는 은퇴시기를 맞이하기 위해 실전 경험을 통해 얻은 사례 중심으로 쉽게 열거하도록 노력했다. 그동안 전혀 보지 못했던 새로운 형태의 '은퇴 준비 지침서'가 될 것이라는 나의 확신이 빗나가지 않기를 간절히 소망한다.

퇴직을 앞둔 여러분 모두가 은둔인隱遁人이 아닌 멋진 은준인隱準人이 되기를 바란다.

김관열

준비 없는 은퇴는
성공할 수 없다

생은 아주 짧다. 싸우거나 말다툼할 시간이 없다.
— 비틀즈 —

Life is very short.
And there is no time for fussing and fighting.

[1]
은퇴가 우리에게 주는 의미

은퇴(retirement)는 '다시 피곤하기'이다

은퇴隱退란 뭘까? 뜻을 살펴보니 은퇴란 '직임에서 물러나거나 사회 활동에서 손을 떼고 있고 한가히 지냄. 생산 활동은 중지했지만 지속적으로 소비는 하고 있는 삶의 형태로, 단순히 직장을 그만두는 것을 의미하는 '퇴직'과는 차이가 있다.'라고 풀이되어 있고(네이버 지식백과 인용), 농촌진흥청 농업용어 사전에 의하면 은퇴란 '은거하여 한가히 삶, 퇴은退隱'이라 되어 있다.

은퇴의 은隱은 숨을 은, 퇴退는 물러날 퇴로 한자 그대로의 의미는 '물러나서 숨어 지내다.'라는 말의 의미를 가지고 있다. 이렇듯 은퇴는 그동안 직임을 맡아 고생했으니 이제 물러나서 한가로운 삶을 보내라는 의미임이 분명한데 과연 우리의 현실이 정년퇴직을 하고 은퇴자가 되었을 때 조용히 물러나 한가로이 지낼 수 있겠는가? 과연 퇴직 후 어떻게 무엇을 하며 그러한 삶을 살 수 있을지 궁금하다.

과거 오십이 넘는 나이가 되면 퇴직을 하고 만 60세에는 환갑잔치를

제1장 준비 없는 은퇴는 성공할 수 없다

했다. 그런 노인들은 안방에서 헛기침하면서 여유롭게 지낼 수 있었던 장면을 쉽게 기억할 수 있다.

하지만 세월은 변했다. 어린 시절 그런 모습을 보고 자란 우리지만 벌써 그런 세상은 바뀌어도 한참 바뀌었다는 생각이 든다. 그렇게 변화된 환경에 순종하지 않을 수 없는 세월 속에 우리는 그렇게 살고 있는 것이다.

퇴직이 가까이 오면서 가장 많이 받은 질문이 있다. 아마도 퇴직한 사람이라면 누구나 다 경험한 일이라 생각된다.

"퇴직 후 무슨 일하실 거예요?"

"지금 따로 정한 일이 없는데요. 일단 좀 쉬려고 하는데요."

"아니 벌써 쉬시면 어떡해요? 능력도 있으신 분이."

"그럼 어떡해요. 갈 곳도 없지만 오라는 데도 없는데요."

"그렇다고 쉬시면 어떡해요. 아직 한참 일하실 나이인데요."

맞는 얘기다. 나름대로 능력도 있다고 생각되고 한참 더 일할 수 있는 나이인 것도 안다. 그런데 이런 대화를 나누다 보면 그럼 앞으로 어떻게 해야 될지 감이 잡히지 않는다. 평생 열심히 직장 생활을 마치고 정년을 맞이하게 되었는데 그것도 한 직장에서 35년간 다녔을 뿐인데 말이다.

꼭 뭘 잘못한 사람처럼 느껴진다. 정년퇴직 후 다른 직장으로 연결되어 조용히 또 출근하기를 바라는 것이 일반적인 아내의 진정한 소망인지 살짝 궁금해진다.

분명한 것은 우리 퇴직자들에게 닥쳐오는 은퇴隱退의 시기가 한자의 의미대로 결코 조용히 물러나 한가로이 지낼 수 있는 시간이 아니라는 것이다.

오늘날 우리는 '백 세 시대' 또는 '트리플 서티^{Triple thirty}' 30-30-30 시대에 살고 있다고 한다. 그런데도 우리는 100세 또는 90세까지 잘살 준비가 되어 있지 않다. 이미 은퇴한 사람이나 은퇴를 준비하는 사람이나 모두 이에 걸맞은 마땅한 준비가 되어 있지 않기 때문이다.

우리는 통상 은퇴를 영어로 retirement라고 표기한다. 앞의 re는 접두사로 '다시'라는 의미가 포함되어 있고 뒤의 tire는 차의 타이어의 의미로 은퇴는 곧 다시 타이어를 갈아 끼우듯 새롭게 한번 다시 시작하라는 긍정의 의미로 해석될 수도 있다. 하지만 단어의 끝에 동사를 명사로 만드는 접미사 ment가 붙은 것으로 보아 tire는 동사로 사용된 것이 분명한데 동사 tire의 뜻은 '피곤하게 하다, 지치게 하다, 싫증나게 하다, 소모시키다'의 의미이다. 결국 '다시'의 의미를 가진 re와 명사형 접미사 ment를 붙인 retirement는 '다시 피곤하게 하기' 또는 '다시 지치게 하기, 다시 싫증나게 하기, 다시 소모시키기'라는 뜻으로 해석되어야 할 것이다.

그런데 영어의 이러한 해석은 은퇴의 한자의 해석인 '물러나서 한가로이 지내다.'라는 의미보다 안타깝게도 어쩌면 오늘날 훨씬 더 현실감 있는 해석으로 다가온다. 이것은 나만의 풀이에 불과한 것인지 모르겠다.

결국 '준비되지 않은 은퇴'는 다시 피곤해지고, 다시 지치고, 다시 싫증나고 결국 모든 것을 다 소모되어야만 되는 험난한 짝퉁 인생이 되는 것이다.

　우리의 은퇴생활이 다시 피곤해지지 않기 위해 우리는 분명한 우리의 해법을 찾아야 할 것이다.

　은준인隱準人이여!

　우리의 인생 2막의 은퇴생활이 다시 피곤해지지 않기 위해서는 우리에게 맞는 분명한 해법이 필요하다. 그것이 무엇일까를 궁리해야 한다.

[2]
왜 은퇴 준비를 해야 하는가

다람쥐의 평범한 삶의 철학을 배우자

우리 속담에 '가을 다람쥐 같다'라는 말이 있다. 겨울잠을 잘 동안 먹을거리를 장만하기 위해서 늦가을이면 바쁘게 움직이는 다람쥐같이 앞날을 준비하기 위해서 빠르고 부지런한 사람을 비유한 표현으로 쓰이지만, 때로는 겨울을 대비하여 먹을 것을 많이 저장해두는 다람쥐에 비유하여 욕심 많은 사람을 나무랄 때 쓰이기도 한다. 아무튼 다람쥐는 매년 추운 겨울을 대비한 준비를 철저히 한다는 것은 분명 팩트fact이다.

사람도 겨울을 맞이하게 되는데 우리의 전체 인생으로 보면 겨울에 해당하는 것이 바로 우리의 노년기라 할 수 있다. 즉 퇴직 후 우리들의 은퇴 시기가 우리의 노년기이고 사계절 중의 겨울인 것이다. 그런데 이러한 노년기의 은퇴 시기는 우리에게 한 번밖에 없다. 매년 오는 겨울처럼 또 오는 것이 아니다. 따라서 처음 방향을 잘못 잡으면 마지막 임종 시까지 상당히 피곤하다.

은퇴가 매우 행복한 일이라고 말할 수 있어야 하는데 과연 그럴 수 있을까? 은퇴 시기가 자신이 꿈꾸어 온 일들을 할 수 있는 긍정적인 시간이 되어야 하는데 과연 그럴 수 있을까? 그렇지 않다면 무엇이 문제인가?

여기서 우리는 다람쥐를 떠오르지 않을 수 없다. 즉 준비 없는 우리의 은퇴는 도토리, 밤 등 먹을거리를 준비하지 않는 다람쥐와 같은 것이다. 그런데 그러한 준비를 하지 않는 다람쥐가 과연 있을까?

지금 우리나라의 경우는 급속한 고령화와 의료기술의 발달로 평균수명이 급속도로 늘어나고 있다. 세계 보건통계 보고서에 따르면 우리나라의 평균 기대 수명이 영국, 핀란드와 같이 20위권의 상위권에 있다고 한다.

우리는 은퇴 이후에 남녀 모두 약 30년 이상의 시간을 노후생활을 해야 하며, 특히 앞으로 의료기술이 더욱 발달하면서 그 기간은 훨씬 더 연장될 수도 있다고 한다. 이렇게 오래 사는 세상에서 우리의 노후는 편안하겠는가? 정년퇴직했다고 누가 우리에게 행복을 그냥 가져다 줄 거라고 생각하는가? 그렇지 않다.

앞에 언급한 다람쥐의 평범한 철학에서 알 수 있듯이 노후를 행복하고 의미 있게 보내려면 우리에게도 밤이나 도토리 같은 은퇴 준비가 잘되어 있어야 한다. 혹자는 그래서 은퇴설계가 필요하다고 주장하는데 은퇴설계가 아닌 구체적 은퇴 준비가 필요한 것이다.

은퇴 설계만 해서는 그 결과를 보장받을 수가 없다. 실체가 있는 준비, 결과로써 확인이 가능한 준비, 분석과 판단에 기초해서 만들어진

야무진 준비가 필요한 것이다.

일반적으로 나이 50세가 되면 은퇴에 대해 본격적인 관심을 갖게 되는데 대부분의 사람들은 노후자금 마련에 대해서부터 관심을 갖게 되는 경향이 있다. 그러다가 퇴직이 점점 가까워질수록 은퇴에 대하여 많이 생각하면서 현실적으로 받아들이게 된다. 그러나 대부분의 사람들은 퇴직 후 적응을 위한 준비 활동에 관심을 기울이지 않고 있다. 마치 은퇴를 회피하려는 느낌을 준다. 나 또한 현직에 있을 때 그러한 느낌을 가졌던 것 같다. 왜 그럴까?

전문가에 의하면 은퇴를 준비하고 계획하는 일을 회피하는 이유는 몇 가지가 있다고 한다.

첫째, 재정적 문제이다.

충분한 재정자원이 없는 일반 직장인의 경우 현실적으로 노후를 위한 자금을 따로 마련해 둘 수 없기 때문에 노후계획을 충실히 하지 못하는 부분이 있다.

둘째, 대부분 대한민국 직장인이 그렇듯이 일에만 전념하는 것이다.

이는 일이나 직업을 통해 자존감이나 소속감을 얻을 수 있지만 반대로 가족이나 친구들로부터의 친화감을 쉽게 상실할 수 있게 된다. 이경우 자기 존재감을 더욱 확보하기 위해 일을 떠난다는 생각조차도 위협으로 인식하기 때문에 의도적으로 은퇴 준비활동을 회피하려는 경향이 있다. 나의 경우 또한 아마도 이 부분이 매우 강하다고 느껴진다.

셋째, 은퇴가 아마도 죽음과 노화로 연상되어 마치 인생이 끝난다는 의미로 느껴질 수 있기 때문이다.

대부분의 사람들은 중년기에 겪게 되는 신체적, 심리적, 환경적 변화를 두려워하기 마련이다. 이러한 부분을 자기와 연계되는 것을 회피하기 위해 은퇴에 대한 고민과 준비활동을 계획하지 않으려 하는 성향이 분명히 있다.

이런 경향이 있다 한들, 은퇴는 현실적으로 우리에게 다가오고 우리는 이를 받아들여야 한다. 은퇴에 대해 회피하고 부정적으로 보는 사람은 그들의 은퇴 생활의 삶은 점점 더 부정적 영향을 낳게 될 것이다. 그리고 긍정적으로 받아들이는 사람은 은퇴를 더욱 잘 계획하고 준비하여 성공적으로 이끌어 갈 수 있다는 것이다.

전문가의 조언에 따르면 은퇴에 대해 더 많이 알면 알수록 은퇴에 대한 생각과 기대가 현실적으로 되고 이를 보다 긍정적으로 받아들이면서 퇴직 후 은퇴생활을 성공적으로 예측할 수 있다는 것이다. 즉 회피한다고 해결될 문제가 절대로 아니라는 얘기다.

언급했듯이 우리가 지난 30년 이상을 회사와 가정을 위해 노력했다고 한들, 그 누구도 우리에게 은퇴 시기의 행복을 그냥 가져다주지 않는다. 은퇴 시기의 행복 바로미터(barometer)는 여러분이 은퇴에 대해 어느 정도의 긍정적 생각을 갖고 어떻게 준비가 잘되어 있느냐에 달려 있다는 것을 알아야 할 것이다.

은준인隱準人이여!

은퇴 시기의 행복 바로미터는 은퇴에 대한 긍정적 생각과 탄탄한 준비다. 겨울을 대비하는 다람쥐의 평범한 삶의 철학을 배우자.

[3]
은퇴를 위해 무엇을 준비해야 하는가

'은퇴 준비 4가지 영역'의 각자의 아이템을 발굴하여 준비하자

우리는 은퇴 이후의 삶을 위해 무엇을 준비해야 하는가?

은퇴를 준비하는 사람들의 최고의 관심 분야는 단연 재무 설계 분야일 것이다. 퇴직을 앞둔 그들의 대부분은 현재 각자의 재산 관리와 아울러 향후 안정적인 소득 보장의 확보, 즉 퇴직 후에도 재정적 수입을 올릴 때가 없는지에 대해 크게 관심을 가지고 있다.

만일 본인 주변에 있는 사람들 중 누가 재취업이라도 하게 되면 크게 부러워하고 그렇지 못한 본인은 경쟁에서 뒤떨어진 사람으로 치부하여 스스로에게 상처를 입히고 있는 것도 가끔 보았다. 나름대로 이해는 된다. 나 또한 처음 임금피크제 대상자로 분류되어 보직을 떠나 있는 동안 오직 퇴직 후에 어떻게 재취업하고 또는 새로운 분야에 창업을 하여 경제적으로 성공할 수 있는지에 대해 다방면으로 연구해 봤기 때문이다.

그런데 그게 맞는 일이지 도통 알 수가 없었다. 30년 이상의 긴 세월을 한 직장에서 줄기차게 일해 오다 이제 정년퇴직을 맞이하게 되었는데 퇴직하자마자 또 나갈 직장, 내가 할 일을 찾아야 한다는 게 맞는 일인지 의문이 들었다. 물론 자연스럽게 일을 더 할 수만 있다면 좋은 일이지만 그러한 일자리를 구하기가 쉽지 않은 일인데 서둘러 허겁지겁 일자리를 찾으려 하는 모습이 옳은 일인지 의구심이 났다. 무엇이 나를 이렇게 조바심 나게 만드는지 궁금했다.

여러 가지 고민 끝에 나는 나만의 결론을 내렸다. 여러 가지 이유가 병합해 있지 않겠느냐는 생각이 들었지만 부정할 수 없는 눈에 띄는 이유는 막연한 경제력 도모이다.

하지만 정말 이런 표면적 이유 말고 우리가 잘 느끼지 못하는 진짜 다른 이유가 없는 걸까? 여러 날을 보내며 느낀 중요한 이유 한 가지는 퇴직 후 삶에 대한 자기 자신의 그림이 없기 때문이라는 생각이 들었다.

우리는 퇴직 후의 삶에 대한 구체적 그림을 현직에 있으면서 한 번도 제대로 그려 본 적이 없을 것이다. 물론 퇴직 후의 삶을 구체적으로 그린다는 것은 쉽지 않은 일이겠지만 이러한 큰 그림이 없는 퇴직 후의 막연함은 결국 퇴직 후 삶에 대한 두려움으로 이어지게 되는 것이다.

그래서 이러한 미래에 대한 두려움을 방어하는 한 가지 방법으로 퇴직자들은 과거와 생활이 비슷한 재취업을 선호하게 되는 것이다. 재취업을 통해 아침에 출근하고 저녁에 퇴직하는 퇴직 전 상황과 별로 달라질 것도 없고 거기에 금전까지 확보하니 가정에서도 여전히 자존감이 살아 있게 되는 것이다. 또한 가장家長의 이러한 끝까지 노력하는 모습을 가족들에게 보여줌으로써 존재감을 더욱 과시할 수 있을 것이다. 그러한 사유로 재취업을 희망하지 않겠는가 생각되었다.

그런데 중요한 것은 그러한 재취업 경우도 2~3년이면 끝이 나고 결국 은퇴를 맞이해야 되는 것이 현실이다.

결국은 언제가 될지 모르지만 우리가 맞을 은퇴시기를 보다 의미 있게 할 해법은 반드시 필요한 것이다. 이러한 해법이 뭔지 모른다고 하더라도 일반적인 정년퇴직자라면 기본적으로 미리 뭘 좀 준비해야 하는지 알고 싶을 것이다. 퇴직을 한 후 맞이하는 은퇴 시기의 삶이 나에게 어떻게 다가올 것이고 또한 어떤 방향의 삶이 의미 있는 삶인지 분명 알고 싶을 것이다.

나도 알고 싶었다. 그 해답을 찾기 위해 내가 가장 기대할 만한 곳은 서적이었다. 인터넷 검색을 통해 은퇴나 정년퇴직, 재취업, 창업과 관련된 여러 종류의 책을 구입하여 여러 번 정독하며 답을 구했다.

하지만 내가 원하는 답을 구하긴 쉽지 않았다. 그리하여 시간이 나는 대로 서점으로 달려가 관련 서적을 추가로 더 찾아보았다. 일부 재무 설계 분야에서 디테일 한 내용의 책이 있었으나 그 외 대부분의 책이 은퇴에 대한 원론적인 내용의 글이나 작가들의 살아온 무용담들로 채워져 있었다. 전혀 무의미하다고는 할 수 없었지만 결코 그것으로 나의 은퇴를 대비한 지침서로 삼기에는 무리가 있었다.

또한 회사에서 퇴직 예정자들을 위해 마련된 장기 교육 프로그램에도 많은 기대를 걸었다. 하나하나의 강의가 흥미로웠고 좋은 내용이었지만 뭔가 가이드라인을 제시해 주는 차원의 강의는 없었다.

누군가 전체 퇴직 후의 삶에 대한 전체 틀을 설명해 주고 이런 기본 강의를 바탕으로 세부 강의가 연결되었다면 그나마 좋았을 것 같았다.

퇴직 선배들이나 전문가라는 분들도 별도로 만나 보았다. 열심히 생활하고 계시는구나 하는 인상 외에 크게 전달되어 오는 부분은 없었다. 오히려 인터뷰 도중에 내가 제시한 여러 가지 의견에 오히려 더 공감하며 배우고 가는 경우도 있었다. 곧 퇴직을 해야 하는데 뭘 준비해야 할지에 대한 명쾌한 답을 나로서는 구하기가 어려운 시간이었다.

그러면 내가 한번 직접 정립시켜 보면 어떨까 며칠 동안 고민하였다. 아무것도 감이 잡히지 않는 이러한 상황에서 뭘 만들 수 있을지 고민을 하다 누군가는 반드시 해야 될 일이라 생각하고 크게 마음먹고 작업에 착수했다.

퇴직 후 나의 이상적인 삶의 모습이 무엇인지 상상하는 것으로부터 나의 연구는 시작되었다. 퇴직 후의 삶이 여러모로 무척 힘들겠구나 하는 생각이 많이 들었다. 우선 아침에 일어나 어떻게 해야 할지, 앞으로 경제적인 부분은 어떻게 하고 어디에서 누구를 만나 뭘 해야 할지, 취미 생활은 뭘 할지, 경제적 활동은 여기서 접어야 하는 건지, 창업을 진지하게 연구해야 하는 건지 처음에는 도무지 감이 잡히지 않았다. 생각을 하면 할수록 복잡해지는 것이다.

그러는 과정을 통해 오랜 고민 끝에 결국 퇴직 후 나의 은퇴 생활을 하나하나 세부적으로 분석하니 4가지 그룹으로 분류하면 좋겠다는 결론에 도달했다. 그리하여 탄생한 것이 '은퇴 준비 4가지 영역'이다. 즉 '은퇴 준비 4가지 영역'은 은퇴 시기에 우리가 살아가는 삶의 영역을 다음과 같이 4가지로 나누어질 수 있는 것이다.

첫째, 혼자서 즐기며 사는 삶 – 혼즐삶

둘째, 함께 즐기며 사는 삶 – 함즐삶

셋째, 끝까지 도전하는 삶 – 끝도삶

넷째, 봉사를 즐기는 삶 – 봉즐삶

이 4가지 삶을 줄여서 여기에서는 '혼즐삶', '한즐삶', '끝도삶', '봉즐삶'이라 칭한다. 즉 이 4가지 영역들에 대한 세부 준비가 필요하다는 것이 나의 은퇴 준비의 출발점이다.

4가지 영역에 포함된 세부 방안을 각자가 자기에게 적합한 아이템을 찾아내어 자기의 범주를 만들고 하나하나 준비해 나간다면 자기만의 나이스한 은퇴 준비가 되는 것이다.

'은퇴 준비 4가지 영역'의 항목들은 계속 변하는 생물生物과 같은 것이다. 자기가 선호하고 실현 가능한 항목들을 계속 수정 발전시켜 나갈 수 있다.

은준인隱準人이여!

은퇴 준비의 각자의 스타일에 맞는 '은퇴 준비 4가지 영역'의 세부 아이템을 발굴하고 준비하자.

【4】
은퇴 준비의 4가지 영역 구상하기
– 혼즐삶 / 함즐삶 / 끝도삶 / 봉즐삶

'은퇴 준비 4가지 영역'에 대한 디테일한 준비가 해답이다

은퇴 시기의 삶을 보다 자기 주도적인 능동적인 삶을 연출하기 위해서는 사전에 보다 디테일한 준비가 필요하다. 이것을 '은퇴 준비 4가지 영역'에 대한 준비라 할 수 있다. 이 4가지 영역은 언급했듯이 바로 혼즐삶, 함즐삶, 끝배삶, 봉즐삶을 말하는 바 각 영역은 나름대로 각각의 특징을 가지고 있으며 상호 연관 관계도 크며 중복되는 부분도 있을 수 있다.

먼저 제1영역은 '혼즐삶'에 대한 부분으로 혼자서 즐길 수 있는 삶을 줄인 말로 여기에서는 은퇴생활에 있어 혼자서 잘 즐기며 사는 삶에 대한 준비에 대해 언급했다. 어쩌면 이 부분의 삶이 은퇴 시기의 삶의 기본basic이 될 수 있을 것이다. 다른 부분에 대한 준비가 아무리 잘되어 있다 하더라도 이 부분에 대한 준비가 미흡하다면 즐거운 은퇴생활을 지속하기란 쉽지 않다고 본다.

여기에 포함될 내용은 퇴직 후 '출퇴근할 자기만의 생활공간 마련'이
나 '자기 관리하의 활용 가능한 생활 자금 마련'과 같은 기본적 부분은
물론이고 혼자서도 기쁨을 만들어 낼 수 있는 즐길 거리 마련이 중요
한 내용이 된다.

한편 제2영역인 '함즐삶'에 대한 준비에서는 '함께 즐기며 사는 삶'에
대한 준비를 말한다.

인간은 혼자서 살 수가 없다. 당연히 퇴직 후의 삶은 더욱 공허하게
될 것이다. 퇴직 후에는 모든 상황이 변하기 마련이다. 그중에서도 특
히 인간관계의 변화는 매우 크다 하겠다. 지금까지의 직장 동료 중심
의 인간관계에서 탈피하여 새로운 인간관계의 틀을 개발해야만 한다.
그리고 거기에서 새로운 삶의 형태를 갖추어져야 한다. '함즐삶'과 연
계된 범주는 당연히 아내가 우선되어야 한다. 아내와의 함께 즐기는
삶이 확립되지 않으면 다른 사람들과의 함께 즐기는 삶의 의미가 퇴색
될 수도 있다. 아내 외에도 자녀들과 인척들과의 관계 또한 중요시해
야 한다.

또한 과거 직장 동료, 동창, 동문 등은 물론이고 지역사회에서 만나
는 사람들과의 관계를 재정립해야만 한다.

결국 은퇴 후 우리들의 삶의 보람이나 즐거움의 상당한 부분이 타인
과의 관계에서 만들어질 수 있으므로 이에 대한 준비 또한 매우 중요
하며 우리들의 은퇴 시기의 삶에 큰 활력소를 주리라 예상해 본다. 은
퇴 후에는 새로운 사람들과의 만남을 주저해서는 안 된다. 본인이 원
하는 단체나 동아리 모임 등과의 접촉을 망설여서는 안 된다. 여기에

서는 함께 어울릴 운동에 대한 준비, 함께 즐길 수 있는 여러 부류와의 삶의 이벤트 등이 중요한 내용이 될 것이다.

제3영역 '끝도삶'에 대한 준비에서는 끝까지 배우며 도전하는 삶에 대한 준비로 배움은 건강과 함께 행복한 삶을 영위하는 데 매우 중요하다 생각한다.

퇴직 후에는 시간의 많은 부분을 이곳에 할애하는 것이 필요하다. 이것을 배워서 무슨 이득이 있고, 이 자격증을 취득해서 어디에 활용되는지, 어학 공부를 왜 지금 와서 열심히 해야 하는지 등 목적을 너무 따질 필요는 없다고 본다. 배움은 배움 그 자체로 의미가 충분히 있기 때문이다. 물론 아이템을 선정할 때 아주 심도 있게 고민하여 선정해야겠지만 일단 결정된 아이템은 배움 그 자체를 즐기는 것이 우선 좋다.

배움 그 자체가 아름다운 삶이고 건강한 삶이라 하지 않았는가? 무엇에 대해 도전하는 것은 그 도전 자체에 큰 의미가 있고 그것의 성공 여부는 후차적 문제라 본다. 도전을 할 때는 미리 걱정하지 말고 설레라고 하지 않았던가? 걱정하면 지는 것이고 설레면 이긴다고 했다. 성공했을 때의 희열은 그의 도전의 침샘을 항상 자극한다. 은퇴 시기의 이러한 배움에 대한 도전은 가정과 사회의 모범이 되는 행동으로 평가될 것이다. 이러한 도전의 삶이 어찌 우리들의 자존감을 무너트릴 수 있겠는가?

나의 경우 약 2년간의 짧은 준비기간 동안 국가기술자격증 2개를 포함한 6개의 자격증과 2개의 어학 합격증을 취득했으며 탄탄한 퇴직준비의 근간을 이루는 부분이 모두 여기에서 출발했다고 할 수 있다.

새로운 어학에 대한 도전, 다양한 각종 자격증 취득, 60세에 시작한 내 블로그 만들기, 나만의 이모티콘 만들어 입점하기와 같은 것은 물론이고 이러한 준비를 통해 기틀을 만들어 진행시키고 있는 은퇴 관련 책 쓰기와 이것을 바탕으로 한 'ART 코치(국내 1호)'의 타이틀로 강연가 되기에 대해 언급했다.

마지막으로 제4영역인 '봉즐삶'은 '봉사를 즐기며 사는 삶'을 말하는 바 이에 대한 준비 또한 매우 중요하다고 생각된다.

봉사하는 삶은 우리가 행복을 추구하는 삶의 덕목에서 그 어느 것보다도 소중하고 의미가 있을 것이다. 이러한 삶의 추구는 다양한 계층에 다양한 활동으로 나타날 수 있다.

봉사란 모두 소중하지만 자기에게 맞는 의미 있는 동아리나 활동을 찾아 진행시키면 되는 것이다. 또한 중요한 것은 일회성 봉사가 되어서는 안 되고 지속적인 모습으로 표출되어야 한다는 것이 가장 중요하다.

그리고 무엇보다도 중요한 것은 '봉즐삶'의 기본은 가정에서부터 출발해야 된다고 생각된다. 가정에서의 튼튼한 봉사가 없다면 지역사회에서의 봉사하는 삶은 기초가 흔들리게 마련이다.

아내를 위한 봉사에 항상 관심을 갖고 가족에 대한 봉사를 기본으로 하여 지역사회에 연계된 봉사의 삶을 만든다면 가장 바람직한 모습으로 정착될 것이고 이상적인 조화를 이룰 것으로 기대한다.

이러한 4가지 영역의 준비 내용을 먼저 정하여 어떻게 준비할 것인가에 세부 활동지침을 만들어 차근차근 준비해 나가야 할 것이다. 그러한 준비가 오랜 시간이 걸리는 것도 있을 수 있고 단기간에 가능한 것도 있을 수 있다. 또한 평생을 진행해야 되는 것도 있을 수 있으며 진행 과정에서 실현 불가능하게 느껴질 수도 있다. 중요한 것은 '시작'해야 된다는 것이다. 어쨌든 모든 것들에 대한 준비를 차근차근 계획을 세워 순서를 정해 시작해야 한다.

시작이 정말 중요하다. 시작하지 않으면 아무것도 이룰 수가 없다. 내가 이룬 일들의 시작이 쉬운 것은 하나도 없었다. 나 또한 그 어느 하나 어렵지 않은 것이 없었다.

어렵게 느껴지더라도 두려워하지 말고 시작하자. 퇴직 전에 시작한 준비가 퇴직 후에까지 이어지는 경우도 당연히 생긴다. 천천히 완성시키면 되는 것이다.

이러한 철저한 준비 과정을 통해 나는 퇴직 후에도 전혀 당황함이나 고민 없이 퇴직 전후의 생활이 자연스럽게 연결됨을 느꼈다. 퇴직하였다고 내 삶이 바뀌는 것은 전혀 없었다. 오히려 더욱 신바람 나게 진행할 수 있어 하루가 바쁘고 즐거웠다.

돌이켜보면 나의 이러한 준비가 얼마나 다행스러운지 모른다. 만일 내가 아무런 준비 없이 은퇴를 맞이했다면 어떻게 되었을까? 이리저리 방황하고 무엇을 할지 고민하는 내 모습을 상상만 해도 정말 끔찍한 일이 아닐 수 없다. 오늘도 이렇게 글을 쓰며 미래에 도전하는 나의 모습과는 천양지차天壤之差일 것은 너무도 명백하다.

나는 이렇게 선정된 항목들을 시기별로 묶어 대표선수들을 뽑아 리스트를 만들었다. 이것을 나는 60세에 만든 나의 '실천형 버킷리스트'

라 부른다. 이런 '실천형 버킷리스트'는 일반적인 버킷리스트와는 달리 내가 하고 싶은 것, 내가 해야 할 일들, 그리고 바라던 소망들, 하고픈 계획들에 대해 격식 없이 나의 버킷리스트에 올리고 추진하는 하나의 추진 본부headquarter와 같은 곳이다. 단기간에 종결된 부분도 있고 곧 마칠 것으로 예정된 부분도 있고 마지막 임종 시까지 달성하지 못할 일들도 있을지 모른다.

나의 버킷리스트 관리의 모토motto는 '끝까지 도전하고 실천하자.'이다. 실천을 가장 중요시하는 것이 나의 버킷리스트의 특징이다.

'Thinking is not doing.'이라고 했다. 생각만 하고 있어서는 안 되는 것이다. 이런 연유로 나는 나의 버킷리스트를 '실천형 버킷리스트'라 부르는 것이다, 실천하지 않는 꿈과 소망은 큰 의미가 없다고 보기 때문이다. 60세에 만든 나의 '실천형 버킷리스트'의 아이템은 현재 20여 개가 진행되고 있다. 하나하나가 신난다.

은준인隱準人이여!

'은퇴 준비의 4가지 영역'인 혼즐삶, 함즐삶, 끝배삶, 봉즐삶에 대한 디테일detail한 준비가 여러분의 멋진 은퇴 시기를 위한 해답이다.

제 2 장

은퇴,
나는 이렇게 준비했다

세상에는 기회를 보는 사람과 기회를 잡는 사람이 있다.
─ 작자 미상 ─

There are those who see an opportunity,
and those SEIZE an opportunity.

| 제1절 | 은퇴 준비 제1영역
'혼즐삶'에 대한 준비

[1]
'혼즐삶' — 혼자서도 잘 즐길 수 있는 삶

'혼즐삶'은 은퇴 시기의 행복한 삶의 밑돌이 된다

은퇴 준비 4가지 영역 중 제1영역인 '혼즐삶'은 퇴직 후 '혼자서도 잘 즐길 수 있는 삶'을 말하며 은퇴생활의 삶에서 첫 번째로 고민하고 준비해야 할 부분이다.

퇴직 후에는 현직 때와는 달리 모든 분야에서 상황 변화가 발생될 수밖에 없다. 당연히 혼자 있는 시간이 많아질 테고 혼자서 보내야 하는 시간 또한 많아질 것이다.

따라서 은퇴자는 혼자서도 즐겁게 생활할 수 있는 이러한 삶에 대한 기본적 준비가 갖추어져 있어야 한다. 퇴직 후 '혼즐삶'에 대한 준비는 각자의 생활 방식이나 선호하는 삶의 방향에 따라 다소 차이는 생길 수 있다. 하지만 나의 판단으로는 기본적으로는 몇 가지 사항이 선행적으로 검토되고 준비되어야 한다고 본다.

'혼즐삶'에 대한 준비는 매우 중요하다. 은퇴 시기의 삶에 있어 가장 기본이 되는 삶, 즉 밑돌과 같은 역할을 하는 것이다. 다른 영역에 대한 준비가 아무리 잘되었다 하더라도 이 부분에 대한 준비가 미흡하면 뿌리가 시원찮은 나무와 같아 은퇴생활을 하는 우리의 삶은 위태위태하게 될 수 있다.

우리들의 지금까지의 삶은 방향보다도 때때로 속도가 강조되어 온 적이 많았다. 하지만 퇴직 후 우리의 삶은 속도보다도 방향이 매우 중요하다. 특히 혼즐삶에 대한 준비는 자기만의 정확한 방향이 설정되어야 즐거운 은퇴생활을 할 수 있다.

어느 누구도 자기의 과거를 바꿀 수는 없다. 하지만 미래는 바꿀 수가 있다. 그러나 여기에는 준비가 수반되어야 가능하다.

인생 2막의 삶이 덤으로 오는 삶은 아니다. 어쩌면 인생 1막보다도 더 철저히 승부사의 기질을 발휘해야 할 시기인지도 모른다. 인생 1막이 더불어 살아가는 시간이었다면 인생 2막은 자기 혼자서 주도적으로 살아가야 하는 시간이다. 절대로 정년퇴직했다고 누구에게로부터 동정 받고 보상받으려 해서는 안 된다. 이제 우리들 주위에 우리를 도와줄 사람은 극히 드물다. 스스로 해답을 찾아서 철저하게 자기주도적인 삶을 살아가지 않는다면 스스로가 힘들어질 것이다. 이에 대한 준비를 미리 하는 것이 바로 '혼즐삶'에 대한 준비이다.

그럼 '혼즐삶'에 대한 준비는 어떤 것들이 있겠는가? 사람들마다 관점의 차이가 분명 있을 것이라는 전제에서 나는 우선 퇴직 후 정시에 출퇴근할 만한 자기만의 생활공간 마련을 최우선으로 둔다. 무슨 소리냐고 반문할 수 있겠지만 사실 이 문제는 매우 중요하다. 이제 정년퇴직해서 집에서 좀 쉬려고 하는데 또 나가라는 얘기냐? 어디로 가라는 말이냐? 가정이란 게 도대체 뭐냐? 여러 얘기가 분분하겠지만 이 문제는 매우 현실적으로 봐야 한다.

자세한 설명은 해당 장에서 언급하겠지만 아무튼 첫 번째로 퇴직 후의 출퇴근할 자기만의 생활공간 마련을 강조하고 싶다. 그것은 어떤 형태이든 규모든 크게 문제가 되지 않는다. 하여간 퇴직 후에도 아침 정시에 출근할 수 있는 공간이 필요하다는 것을 말한다. 이는 여러 선배나 먼저 퇴직한 동기들의 삶을 면밀히 살펴보고 판단해 본 결과이다. 어쩌면 정년퇴직자가 준비해야 할 가장 중요한 요소가 아닌가 생각된다.

두 번째로는 자기 관리하에 운영할 수 있는 생활자금 확보이다.

정년퇴직 후 자기 주도하의 적극적 삶을 살기 위해서는 자기만의 공간 확보 외에도 자기 관리하의 생활자금 마련 또한 필수적 사항이다. 퇴직이 되어 갑자기 연금이나 기타 재산에 대한 관리 문제로 평온했던 부부간 마찰이 생겨 크게 문제 되는 경우도 왕왕 봐왔다. 퇴직 전 아내와 충분히 숙의하여 자기 주도하에 활용 가능한 생활자금을 마련하는데 신경을 써야 될 것이다.

세 번째는 혼자서 즐길 거리 준비이다.

정년퇴직 후에는 당연히 기존의 직장 동료 중신의 인간관계의 틀에서 벗어나 혼자서 해결하고 혼자서 시간을 보낼 경우가 많아질 것이다. 이 시간들을 보다 의미 있고 즐겁게 보내기 위해서는 각자가 혼자서 잘 즐길 수 있는 거리가 필요하다. 이 즐길 거리를 잘 준비해야지 노후가 행복해진다.

이 영역은 각자의 특성과 선호에 따라 크게 차이가 있을 수 있다. 어떤 것이든 좋다. 중요한 것은 자기가 좋아하거나 하고 싶은 것을 하는 것이 좋다고 본다.

내 경우는 양식 요리 만들기, 제빵제과 만들기, POP 및 캘리그래피 작품 만들기, 1인 1악기 아코디언 배우기, 서예—예서隸書 쓰기, 민요 배우기, 옥상에 나의 텃밭 꾸미기 등이 선정되어 준비와 더불어 진행되고 있다.

은준인隱準人이여!

'혼즐삶'에 대한 철저한 준비는 은퇴생활을 행복하게 만드는 밑돌이 될 것이라는 사실을 기억하자.

〔2〕
퇴직 후 출근할 나의 생활공간을 마련하자

나만의 아지트^{agit}를 만들자

은퇴 시기를 위한 첫 번째로 준비되어야 할 것은 은퇴 시기에 각자가 지낼 자기만의 생활공간을 마련하라는 것이다. 마치 아지트^{agit}와 같은 개념이다.

아지트는 남의 눈을 피해서 소재를 모르게 하고 비밀 지령을 내리거나 받는 비밀 본부 같은 곳으로 러시아의 아지트풍크트^{agitpunkt}에서 그 의미를 가지고 왔다고 한다.

하지만 아지트란 개념은 단지 우리에게는 뭔가 목적한 바를 이루기 위한 편안하고 은밀한 작은 공간 같은 느낌이 든다. 바로 그런 아지트가 필요하다는 것이다.

우리가 퇴직 후에도 매일 출근하여 그곳에서 일상의 계획도 짜고, 하고 싶은 공부도 하고 취미 생활도 편하게 할 수 있는 그런 장소다. 또한 때때로 손님도 만날 수 있고 잠시 쉴 수도 있는 그런 공간을 말한다. 어쩌면 등산이나 탐험을 할 때에 근거지로 삼는 장소인 베이스캠프

base camp와 같은 곳이다.

그것은 어떤 형태이든 규모든 크게 문제가 되지 않는다고 본다. 퇴직 후에도 아침 정시에 출근하고 저녁에 퇴근할 수 있는 공간이 필요하다는 뜻이다. 이 공간은 여러 가지 면에서 의미를 가지고 있으며 은퇴생활을 순조롭게 할 수 있는 기초가 된다. 공간을 확보하는 것이 어렵고 유지하는 것도 쉽지 않을 수 있다.

하지만 특별한 상황을 제외하고는 은퇴자에게 필히 선행되어야 할 사항이라고 본다.

세상은 빠르게 변하고 있다. 과거 우리들의 선배 퇴직자의 삶과 오늘날의 퇴직자의 삶과는 많은 차이가 있다.

퇴직자가 퇴직 후 집에 머물러 있는 것이 당연시된 시절이 있었지만 이제는 아닌 것이다. 부부가 아무리 좋은 관계로 지내왔더라도 무관한 일이다. 현대사회의 여러 가지 사회 현상들의 변화가 잘 붙어 지내는 부부의 정상적 삶을 퇴직 후에는 온전하게 놔두지를 않는다.

부부관계가 좋으면 좋을수록 아침에 출근을 하고 퇴근 시간에 맞춰 귀가하는 형태를 취해야 평온한 가정이 지속적으로 유지될 수 있다. 여러분의 현직 시절의 생활과 퇴직 후의 생활은 근본적으로 다른 느낌을 가족에게 준다. 아내도 남편도 모두 적응하기 어렵다. 그리고 대부분의 아내가 때때로 그들만의 라운드를 원한다. 편안해지고 싶고 자유롭게 생활하기를 원하는 것이다. 그리하여 '졸혼'이니 '휴혼'과 같은 단어가 난무하는 시대가 되었다. 내 아내는 아닐 거라는 생각은 접어야 한다.

하지만 더 큰 이유가 있다. 무엇보다도 과거와는 달라진 상황으로 인해 느낄 수 있는 자존감이 무너짐을 미리 막고 각자가 추구하기를 원했던 삶을 살려면 아침에 집을 나서야 한다. 그곳에서 자기만의 인생 2막을 설계하고 실천해야 한다.

그럼에도 불구하고 많은 사람들이 그러한 공간을 마련하는 것이 쉽지 않다고 토로하고 있다. 필자 역시 이 부분에 대해 여러 번 자문을 받았다. 물론 이러한 공간 확보는 우선 필요성에 대한 본인의 강력한 의지가 요구되고 일정 부분의 경제적 부담을 감수해야 한다. 그러나 이 부분만큼은 비용 지출을 망설여서는 안 된다고 본다. 결국 미리 준비하지 않는다면 퇴직 후에는 마련하기가 더욱 어렵게 된다.

하지만 이러한 공간 마련은 필요성을 인식하고 의지를 갖는다면 불가능한 일은 결코 아니다. 혹자는 공용 도서관 같은 곳을 언급하지만 장기적으로 봤을 때는 추구하는 목적을 달성할 수 없다.

나만의 생활공간은 베이스캠프와 같은 곳이라 했다. 필요할 때 휴식도 할 수 있고 뒤에서 언급하겠지만 평생 학습을 하는 공간으로도, 취미 활동이나 새로운 미래를 설계하고 준비하는 멀티룸 같은 곳이다. 이러한 공간을 확보하여 생활하는 것과 이러한 공간 없이 생활하는 삶은 삶 자체가 완전 다를 뿐만 아니라 매우 큰 차이가 있다.

나만의 공간은 집과 너무 근접된 곳보다는 조금 떨어진 곳이 좋다. 조그마한 사무실도 좋고 혼자가 어려우면 몇 명이 공동 사용하는 공간도 좋다.

대도시에는 이러한 사무실 공간을 여러 명이 공동으로 사용하는 곳도 찾을 수 있지만 중소도시는 그에 비해 확보하기가 다소 쉽다. 혹시 본인이 보유하는 대지가 있다면 조그만 사무실을 꾸민다든지 컨테이너 박스로 공간을 꾸미는 것도 가능하다고 본다.

반복되는 얘기지만 이러한 노력을 경주해야 하는 것은 그만한 가치가 충분히 있기 때문이다. 평온한 가정에서 남편의 퇴직 후 아내의 목소리가 높아지고 불만이 생기는 시발점이 바로 이 부분 때문인 것이다.

재취업을 하거나 창업을 하여 은퇴를 맞이하는 시간을 약간 늦출 수 있겠지만 그것도 일시적 연장일 뿐이다. 재취업이나 창업을 못 한 사람일수록 더 자기의 공간을 확보해야 한다. 그곳에서 퇴직 후의 삶을 즐겁게 보내면서 또 미래를 디자인하는 공간으로 활용해 나가기를 바란다.

나의 생활공간 'ART SPACE 19'를 만들다

이제 내 경우를 소개하고자 한다. 이미 언급했지만 임금피크제에 들어온 후 상당한 시간을 혼동 속에서 독서에만 전념했다. 그럼 과정 속에서 이렇게 책만 읽으면 퇴직 후 내 생활은 어찌 될지 궁금했다.

퇴직 후 나는 어디에 있으며, 매일매일 무엇을 하고, 경제적 문제는 어떻게 해결할 것인가, 그리고 가족과의 관계는 어떻게 정립해야 하는지도 궁금했다. 또한 직장인이 아닌 순수 사회인으로서의 누구를 만나며 또 무엇을 하면서 지내야 될지 등 모든 것이 감이 잡히지 않아 답답한 마음이 점차 커져 갔다.

퇴직 후 닥치는 대로 하나하나 해결해 가면 되겠지 하는 생각이 들면서도 한편으로는 임금피크제 기간 중 뭔가를 준비를 하면 좋지 않겠느냐는 막연한 생각이 들었다.

그런데 중요한 것은 정작 이러한 궁금한 부분들을 누구에게 배울 수가 없었다는 것이다. 가르쳐 줄 입장에 있는 적정한 코치도 발견하기도 쉽지 않았고 전문가라고 자문을 구한 몇몇 분들에 대해서는 명쾌한 답을 구할 수가 없었다. 본인의 무용담 같은 것만으로는 나에게는 적절한 가이드라인이 되지 못했던 것이다.

결국 나는 나 혼자만이 해결할 수밖에 없다는 결론에 도달하게 되었다. 그리하여 은퇴 시기에 대한 전체 그림을 그리고 그 첫 아이템으로 나의 생활공간 마련에 대한 문제를 고민하게 되었다.

하지만 이 문제는 쉽지 않은 숙제였다.

일단 가장 용이한 방법으로 내가 퇴직 후 머물 자택에서 멀지 않은 위치에 조그마한 사무실이 있는지 뒤지기 시작했더니 원룸도 비교적 저렴한 가격에 나와 있었다. 지인들에도 문의를 하였고 인근 부동산 중계업을 하는 곳에도 얼굴을 내밀었다.

이러한 노력의 결과로 아직 시간적 여유는 있었지만 대충 가능성 있는 사무실 공간을 발견하여 찜해 두었고 약속된 날짜에 사용 가능하게 끔 언약도 받았다.

물론 100% 만족스러운 공간이 아니었지만 한층 마음의 여유가 느껴졌다. 그러던 중에 우연찮은 일이 발생했다. 노후를 위해 아내가 준비한 상가건물의 옥상 층의 입주자가 이사 의사를 표시해왔다.

이사 날짜가 다가왔건만 타 입주자가 확보되지 않아 아내는 몹시 걱

정을 하고 있었다. 보수할 부분이 너무 많았고 청소도 대대적으로 해야 할 상황이었다.

그런데 이 공간을 내가 사용하면 좋겠다는 판단하에 아내에게 매월 임차료를 지불하고 청소 및 수리를 책임지는 조건으로 사용하기로 했다. 누이 좋고 매부 좋은 결과를 만들어낸 것이다.

그날 이후 주말을 이용하여 청소부터 시작해 문을 고치고 깨진 유리창을 보수하였다. 또한 벽지를 갈고 전기시설을 LED로 모두 교체하는 작업 등을 해나갔다. 그리고 그 공간에 필요한 것들을 하나하나 구매하여 내 작업 공간을 확보했다.

이렇게 완성된 공간 이름을 'ART SPACE 19'라 지었다. '예술 공간 19'라고 생각되지만 사실은 'ART'는 'after retirement' 즉 '퇴임 후'의 의미로, '19'는 나의 은퇴 시작 연도가 2019년임을 의미한다. 즉 '퇴임 후 나의 은퇴생활 공간, 2019년'이라는 의미가 된다.

'ART SPACE 19'는 인생 2막을 시작하는 나를 차분히 기다리고 있었다.

은준인隱準人이여!

아침에 출근할 수 있는 나의 생활공간은 우리의 '인생 2막'의 베이스캠프와 같은 곳이다. 그곳은 도전의 공간, 배움의 공간, 취미활동의 공간, 휴식의 공간이 될 것이다.

[3]
자신이 운용할 생활자금을 마련하자

자신이 운용할 수 있는 생활자금은 퇴직 전에 확보해야 한다

퇴직 후 필수적으로 준비되어야 할 두 번째 사항으로는 자신이 운용할 생활 자금 마련이다. 즉 퇴직 후 지출되어야 할 자금을 어떻게 확보하고 마련하는가 하는 문제이다. 사실상 이 문제는 여기에서 쉽게 언급할 사항이 아니라는 것을 알고 있다. 왜냐하면 모든 가정이 살아오는 방식과 가계를 꾸려오는 방식에 차이가 있을 수 있고 특히 이 문제는 본인 혼자서 결정할 문제가 아니기 때문이다.

통상 회사에서 나오는 급여는 본인이 직접 관리하고 생활비를 아내에게 주는 경우도 있고, 맞벌이의 경우 각자의 통장을 각자가 관리하는 경우도 있을 수 있다. 자료에 의하면 한국의 경우 남편이 번 급여를 아내가 관리하고 대신 남편은 아내로부터 용돈을 타서 쓰는 형태가 가장 일반적 형태라 한다.

나 또한 일반적 경우로 내 급여통장을 아내가 관리하고 나는 매월 아내로부터 일정 금액의 용돈을 받아 써 왔다. 급여와 물가는 인상되었어도 용돈 인상에 인색한 아내 덕에 한 번은 물가인상을 이유로 A4 용지 4장에 5~6가지 사유를 들어 용돈의 일부 인상을 정중히 요청하였지만 나 혼자 잘 먹고 잘살려고 이러는 줄 아느냐는 아내의 무게 있는 말 한마디에 제출조차도 못 하고 묵살된 아픈 기억이 아직도 새롭다.

아무튼 이렇게 각 가정마다 가계를 꾸려오는 방식이 다르고 또한 소득원에도 차이가 있다. 맞벌이 경우가 아니더라도 금융수입이나 임대 수입 같은 것이 있는 가정도 있을 수 있다. 하지만 여기에서는 가장 일반적 상황을 가정하여 언급해 보도록 하겠다.

사실상 퇴직 후에 이러한 돈 문제로 인해 불화가 생기고 부부관계에 금이 가는 경우를 우리는 많이 봐 왔다. 아마도 퇴직 후 남편과 아내의 의견 차이가 제법 컸던 모양이다.

최근 시행되는 정년 연장에 따른 임금피크제 기간 동안에는 이 문제가 크게 부각되지 않는다. 왜냐하면 일반적으로 임금피크제 기간 동안에는 회사마다 차이는 있지만 급여의 일부가 급여 통장에 들어오고 있어 퇴직 전까지는 그나마 큰 변화 없이 지낼 수 있다.

그러나 퇴직 후에는 상황이 달라진다. 가계의 중심이 되었던 남편의 급여가 사라지고 대신 새롭게 퇴직금이 생기고 출생연도에 따라 수급 시작 연도가 다소 차이가 있는 국민연금도 있고 또한 그동안 알게 모르게 가입된 개인연금도 한두 개가 있을 수 있다.

이렇게 가계 재정에 있어 큰 변화가 발생되었는데도 남편과 아내는 구체적 논의가 없다면 어떻게 될까? 일부 남편은 모든 퇴직금을 수령 하면 어떻게 쓰겠다는 기본적 생각을 갖고 있는 사람도 있고 지금까지 해 왔던 것처럼 모든 경제권을 아내에 맡기고 용돈을 받는 수동적 노선을 택하는 사람도 상당수 있을 것이다. 아직도 퇴직 안 했는데 그때 가서 생각하면 되겠지 하고 생각하는 경우도 있을 수 있다.

그런데 중요한 것은 이러한 부분에 대해 진지하게 생각해 보지도 않고 있으며 심지어 퇴직 후에는 내가 언제, 어떤 종류의 수입원이 생기는지조차도 모르는 사람도 허다하다는 것이다. 그리고 설사 이러한 부분을 인식하고 있다 하더라도 남편과 아내가 서로 상의하지 않고 각자의 포석을 숨기며 '밀당'을 하는 경우도 있다. 즉 아내는 아내대로 모든 수입의 경제권을 완전히 장악해야만이 가정의 미래가 안전할 것이라고 생각하고 있는 반면 남편의 경우는 퇴직금이야말로 평생 내가 고생한 대가로 받는 것이니 당연히 내 방식대로 나의 주도하에 관리되어야 하지 않겠느냐는 입장을 가질 수도 있다.

어쨌든 이 문제는 퇴직하는 그날까지 기다릴 문제가 아니다. 각 가정의 입장을 고려하고 각자의 삶의 방식이나 수입원과 향후 지출 내용 등을 충분히 고려하여 사려 깊게 결정할 문제임은 틀림이 없다. 여기서 어떻게 해야 한다는 정답을 제시할 수도 없으며 모범 정답도 있을수도 없다. 하지만 그 누구도 최소한 짚고 넘어갈 몇 가지에 대해 정리해 보고자 한다. 각자의 판단이나 입장에서 다소 매우 차이가 있을 수있음을 미리 밝힌다.

첫째, 퇴직자는 퇴직 후 그 가정의 수입원에 관련된 부분을 정확히 파악해야 된다는 것이다.

여기에는 기본적으로 퇴직연금, 국민연금, 개인연금, 부동산 임대수입, 금융수입 및 기타 고정 수입 등이 포함되어야 될 것이다. 이러한 부분은 하나의 표로 만들어 한눈에 볼 수 있도록 하는 것이 좋다.

둘째, 다음 단계로 이러한 수입원을 향후 어떻게 사용할 것인가에 대해 판단이 들어가야 된다는 것이다.

즉 수입원 중 어떤 부분은 연금화시키고 또 어떤 부분은 일시불로 활용할 것이냐 등 여러 부분이 확인되어야 할 부분이라 생각된다. 물론 이러한 부분에 계산이 능통한 사람도 있을 수 있지만 내가 만나 본 사람들 중에는 나처럼 이 부분에 대해 전혀 감이 없는 사람도 많다는 것이다.

셋째, 퇴직 후 이러한 수입원을 누가 어떻게 관리하고 운영할 것이냐에 대한 부분이다.

남편과 아내 간에 오해 없이 충실히 논의가 되어야 할 부분이다. 퇴직 후 별문제 없이 넘어가는 경우도 있지만 때때로 약간의 불화를 거쳐 어렵게 합의하는 경우도 보았다. 퇴직한 선배 중에는 당시에는 큰 관심을 안 쓰다가 그러한 결정에 대해 지금에 와서 후회하는 경우도 보았다. 심지어 퇴직 후 제법 재산이 있는데도 개인적 살림이 어려워 일자리를 구해 아르바이트라도 하려는 사람도 보았다.

이러한 불만의 결과는 아내와의 충분한 소통이 없는 상황에서 야기된 준비 없는 결과가 아닐까 생각된다. 얼마 안 되는 퇴직금을 가지고 뭘 그리 심각하게 생각하느냐 할 수도 있겠지만 사실상 이 문제는 실제 생활 내면에서는 가장 중요한 문제라는 것을 알게 되었다. 사실상 이 문제는 모두들 밝히기를 꺼려 할 뿐이다. 어쩌면 이 부분이 퇴직자가 정상적인 생활을 할 수 있는 토대가 되므로 보다 분명히 해 두어야 한다. 결국 아내와의 충분한 협의를 통해 합의점을 찾아 퇴직 전에 미리 결정해 두는 것이 가장 바람직하다고 본다.

넷째, 부부간에 합의된 결과를 바탕으로 개인의 경제적 가이드라인을 설정해 보자.

모든 것을 다 예상할 수는 없지만 각자의 예상 지출 내용이나 향후 활동 폭을 보면서 계속 보완하여 좀 더 계획적으로 디자인할 필요가 있는 것이다.

아내와의 사전 충분한 협의로 퇴직 전에 나의 생활자금 확보하다

그럼 나의 경우는 어떠한가? 처음에는 나 역시 이 부분에 전혀 관심이 없었다. 지금처럼 아내로부터 용돈을 받아 생활하고 퇴직금을 가지고 어디에 쓸까에 대해 혼자만의 막연한 생각으로 향후 퇴직금은 어떻게 받을지, 국민연금은 언제부터 받는지, 얼마 정도를 받을 수 있는지, 개인연금은 뭐가 가입되어 있으며 이 또한 금액, 수급 가능 시기 등 도통 알고 있는 것이 하나도 없었다.

그러나 이건 아니다 싶어 전년도 재산신고를 한 자료를 근거로 하나하나 파악해 보니 퇴직연금, 국민연금, 개인연금 3건이 나의 퇴직과 연관되어 있음을 알았고 이에 대한 정보를 파악하여 하나의 표로 만들었다.

그 표는 나의 미래 재정 사항을 파악하는 데 매우 중요한 자료였다.

이 자료를 근거로 퇴직 후 나의 연금 활용 계획을 나름대로 고민하기 시작했다. 즉 일시불로 받을지 연금 형식으로 받을지, 그것도 기간을 얼마로 할 것인지 등을 검토해 보았다. 회사 자금의 활용 계획을 수립한 적은 많았지만 내 가정의 자금 활용에 대해 생각해 본 것은 처음인 것 같았다.

고민하는 과정에 이 부분에 대해서는 아내와의 절대적 합의가 필요함을 느끼고 아내와의 대화를 시작했지만 아내의 입장은 단호했다. 벌써 나름대로 답을 가지고 있는 듯했다.

아내의 처음 생각은 퇴직연금이든 개인연금이든 퇴직 후 모두 일시불로 타서 가계 자금으로 쓰고 국민연금 수령 나이가 되는 2020년 9월까지는 지금처럼 용돈을 주고 국민연금을 받으면 이를 용돈으로 대체해 쓰는 것으로 생각하고 있었다. 그러한 아내의 제안에 내가 당연히 이의 없이 수용할 것으로 예상하고 있었다.

나는 아내에게 자료를 근거로 하여 하나하나 설명해 나갔다. 현재 예상되는 연금 내용, 향후 나의 방향 등에 대해 설명하였고 특히 모든 연금은 일시불로 활용하는 것보다 연금화하여 우리들의 노후에 대비해야 된다는 등 그동안 고민하고 검토한 결과를 설명했다. 특히 향후 연금을 사용하는 주체를 이제는 내가 되었으면 한다는 입장을 솔직히 전달하였다.

아내는 처음에는 예상치 못한 나의 제안에 큰 이견을 제시하였으나 약간의 절충 과정을 거쳐 퇴직연금과 국민연금의 향후 운영에 대해서는 전적으로 나에게 맡기고 가입된 개인연금 3건 중 2건은 아내가 목돈으로 활용하고 1건은 내가 활용하는 것으로 결론지었다. 다만 노후를 위해 준비된 임대 수익은 전부 아내가 생활비 등으로 활용하는 것으로 했다.

어떻게 결론을 짓든지 이 사항은 부부간에 상호 이해를 바탕으로 합의되어야 할 사항으로 생각되었다. 합의의 시기를 놓친다든지 그냥 어영부영 넘어가다가 나중에 다른 선배 퇴직자 부부의 경우처럼 불화가 생겨 노후를 망치는 경우를 만들어서는 안 된다.

퇴직 후 삶의 첫 단추부터 삐거덕 거리기에 충분히 위험요소가 있다. 강조컨대 은퇴하기 전에 반드시 명확하게 부부간 의견을 조율해야 한다. 이렇게 아내와 합의된 내용을 바탕으로 퇴직 후 발생되는 연금을 내용에 따라 향후 활용 방법에 대한 검토에 들어갔다.

처음에는 얼마 되지도 않는 금액을 가지고 검토가 뭐가 필요하냐면서 건방을 떨었는데 사실상 이것이 이제 나를 지켜 줄 가장 중요한 수입원이라는 현실을 인정하고 신중을 기하게 되었다.

우선 나는 기본적으로 모든 연금을 일시불이 아닌 매월 수령하는 연금으로 결론짓고 아내에게 넘겨줄 2건의 개인연금을 제외한 퇴직연금, 국민연금, 1건의 개인연금으로 연도별 매월 운영 가능한 수입을 한눈에 볼 수 있도록 표를 만들고 나니 나의 나이에 맞춰 운영 가능한 월수입에 대해 윤곽이 들어왔다. 이에 대한 지출 계획도 정확치는 않지만 개략적인 활용 계획의 밑그림을 그릴 수 있었다.

만일 내가 퇴직하기 전 사전에 결론 내지 못했다면 앞으로 퇴직 후 나의 노후를 위해서 하고 싶은 일들, 해야 할 일들에 대한 나의 역동적인 삶을 어떻게 나의 주도하에서 진행될 수 있겠는가? 어떻게 이러한 기본적 준비도 없이 나의 퇴직 후의 삶을 행복하고 품격 있게 만들어

갈 수 있겠는가? 퇴직 후 사용할 자기 주도하의 생활자금에 대한 확보는 반드시 퇴직 전에 아내와 충분히 협의하여 결론짓기를 권유한다.

은준인隱準人이여!

은퇴 시기의 생활자금 확보는 대충 지나칠 일이 아니다. 퇴직 전에 반드시 아내와 협의하여 결론지어야 할 중요한 문제라는 것을 인식해야 한다.

[4]
혼자서 즐길 거리를 준비하자

'혼자서 즐길 거리'는 퇴직 후 나의 친구이자 동반자이다

'혼즐삶'의 세 번째 준비 사항은 혼자서 즐길 거리 준비이다.

첫 번째 과제인 '출퇴근할 자기만의 생활공간 마련'과 두 번째 과제인 '자기 주도하에 관리되어야 할 생활자금 확보'가 '혼즐삶'의 기본적 요건이라면 세 번째 사항인 '혼자서 즐길 거리 준비'는 평생 함께 가야 할 실질적 요건으로써 마치 친구나 동반자와 같은 역할을 해주는 것이라 볼 수 있다.

정년퇴직 후 삶의 첫 번째 달라지는 장면을 상상해 보자.

아마도 주위에 갑자기 많은 사람이 사라진다는 것일 것이다. 있다 하더라도 그동안 직장 생활을 통해 지내 온 사람과는 사뭇 다른 분류의 사람이 될 것이다. 생활 패턴 또한 달라지면서 지금까지 조직 내에서 조직의 방향이나 결정에 따라 이루어지던 많은 행동들이 이제는 본인의 개인적인 판단과 행동에 의해 결정되고 움직여져야 한다.

그리고 항상 사람들과 연계되어 하던 일상생활이 혼자서 추진하는 일들이 많아진다. 이런 연유로 때때로 쓸쓸함과 외로움도 맛보게 된다. 또한 이것이 확대되어 예상하지 못했던 서운함과 심지어 경우에 따라서는 자존감까지 무너지게 된다. 한마디로 외로움과 고독의 시기를 맞이하게 되는 것이다.

퇴직 후 처음에는 아내와 가족들에게 약간의 동정 어린 관심을 받다가 서서히 관심에서 멀어져 갈 수밖에 없는 것이 현실이다. 그런 일은 없을 거라 위로해도 소용없다. 이러한 경향은 유행처럼 그렇게 흘러가는 것이니 우리는 여기에 대한 준비가 되어 있지 않으면 퇴직 후 우리의 삶은 행복은커녕 불행의 온상이 될 수도 있다.

이제까지 가족을 위해 평생 봉사하였으니 가족들로부터 그만한 보상은 받아야 되지 않겠느냐고 안일하게 생각하면 오산이다.

자신의 행복을 자신이 스스로 만들어 내지 못한다면 아무도 쉽게 행복과 즐거움을 가져다주지 않을 것이다. 퇴직 후에는 더욱 그렇다. 그래서 혼자서도 잘 즐길 수 있는 거리를 준비해야 하는 것이다.

이러한 즐길 거리의 선택은 본인의 자유다. 중요한 것은 이렇게 선택된 즐길 거리도 퇴직 후 잘 즐기기 위해서는 가급적 퇴직 전에 미리 준비를 하라는 것이 나의 요점이다.

혼자서 즐길 거리 준비는 단순한 취미 활동만을 의미하는 것은 아니다. 혼자서 할 수 있는 모든 의미 있는 활동들이 포함된다.

예를 들어 정년퇴직 후 귀농하여 조그마한 농사를 짓는다면 그 또한 좋은 즐길 거리이며 현역 시절 그토록 배우고 싶었던 악기 연주가 있다면 그 또한 좋은 즐길 거리인 것이다.

회사 입사 동기 중 퇴직 후 자기가 좋아하는 전쟁영화만 죽어라 보는 친구도 있다. 언제까지 얼마나 볼지 모르겠지만 본인이 좋다면 나름대로 좋은 즐길 거리라 본다. 골프에 관심 있는 선배도 있고 어학에 관심 있어 퇴직 후 다시 영어 학원을 다니며 영어 공부를 하는 사람도 봤다.

모두 다 각자의 선호와 주어진 환경에 맞춰야 하겠지만 이러한 모든 것들이 미리 준비에 의해서 이루어지는 것이 좋다는 것이다. 물론 퇴직 후에 준비할 내용도 있지만 퇴직 전에 틈틈이 시간을 내어 준비해 놓으면 퇴직 후의 삶에 대한 두려움이 없어지고 기다려지는 것이다.

나중에 다시 언급될 부분이지만 우리의 퇴직 후 삶도 계획성이 매우 필요하다. 퇴직 후의 계획적 삶을 통해 나름대로 많은 의미 있는 결과를 창출할 수 있다. 그것이 경제적 이득이나 수익적 측면과 직접 연계되지 않더라도 얼마든지 의미 있는 결과를 만들 수도 있다.

어쩌면 퇴직 후 이렇게 얻는 결과치가 진정한 인생 승리의 의미 있는 결과치가 아닐까 싶다. 그래서 반드시 다가올 외로움에 대비해 혼자서 스스로를 즐길 거리를 찾아내고 기초를 가다듬고 준비해야 한다는 것이다.

중요한 것은 남들이 이것을 하니까 나도 이것을 한다는 입장보다는 진정 자기 적성에 맞고 자기가 좋아하는 것을 찾아내어 추진해 보기를 권한다. 이것은 한 번에 끝날 일은 아니지만 당장 퇴직이 되었을 때 나름대로 혼자서 자기 인생의 재미를 찾는 밑돌이 되리라 본다.

혼자서 즐길 거리 '나의 8액티비티activity'를 탄생시키다

사실상 나는 퇴직 후 출근할 나의 생활공간 마련과 내 주도하의 운용할 생활자금 마련에 대한 결론을 도출하는 것과 동시에 나의 즐길 거리 마련에 대해서도 계속적으로 관심을 쏟아 왔다.

그리고 앞으로 어떤 즐길 거리를 가지고 퇴직 후 나의 삶에 의미를 부여하고 행복을 추구할 것인가 심도 있게 연구해 보았다.

나는 이 부분에도 기본적으로 몇 가지 기준을 제시하여 좋은 액티비티activity 발굴에 착수했다.

첫째, 내가 하고 싶은 것을 할 것.

둘째, 내가 잘할 수 있는 것을 할 것.

셋째, 가급적 생산적이고 다른 사람에게 베풀어 줄 수 있는 것을 할 것.

넷째, 창의적이고 도전적인 것을 할 것.

이 네 가지 기준을 가지고 앞으로 내가 100세 시대나 30-30-30시대를 살아갈 퇴직자로서의 행복한 삶을 살아갈 즐길 거리가 무엇인지, 그리고 이에 대한 준비는 어떻게 해야 되는지를 고민하고 준비에 대한 세부 계획을 세워 하나하나 실행에 옮기게 되었다.

이러한 과정을 통해 탄생한 나의 '혼즐삶'의 즐길 거리 대표 선수는 양식 요리 만들기, 제과제빵 만들기, POP 예쁜 글씨 쓰기, 캘리그래피, 서예-예서隸書 쓰기, 아코디언 연주하기, 민요 배우기, 옥상에 텃밭 가꾸기 등을 1차적으로 선택했다.

이 종목의 공통점은 모두가 창작적인 활동이며 결과물이 생성된다는 특징이 있다. 또한 오랫동안 지속할 수 있는 특징이 있으며 단계에 오르면 다른 사람에게 선사할 수도 있는 아이템들이었다. 물론 이 어느 종목 하나도 쉽게 접근할 내용은 없었지만 중요한 것은 모두들 내가 정말 좋아하는 것들이라 한번 매달리면 시간이 어떻게 가는 줄 모를 소중한 내 친구 같은 느낌이 들었다.

나는 이 종목을 평생 즐길 수 있는 아이템으로 키우기 위해 임금피크제 기간 동안 기본적 사항을 습득하기로 마음먹고 실행에 옮겼다.

제1의 즐길 거리 / 양식 요리 만들기

제2의 즐길 거리 / 제과, 제빵 제과 만들기

제3의 즐길 거리 / POP 예쁜 글씨 쓰기

제4의 즐길 거리 / 캘리그래피 창작 활동하기

제5의 즐길 거리 / 1인 1악기(아코디언) 연주하기

제6의 즐길 거리 / 서예-예서隸書 배우기

제7의 즐길 거리 / 민요 배우기

제8의 즐길 거리 / 옥상에 텃밭 가꾸기

이상의 여덟 가지의 즐길 거리 종목에 대한 각각의 목표치를 정해 하나하나 접근했다.

우선 양식 요리 분야는 요리 학원에서 강습 받아 양식조리사 국가기술자격증 취득을 목표로 잡고 우선 필기시험을 위해 문제집을 구입하여 별도로 공부하여 도전하기로 하였다.

제빵제과 분야도 제빵사 국가기술자격증 취득을 목표로 양식조리사 취득 후 바로 도전하기로 마음먹었다.

평소 글쓰기를 좋아하는 나로서는 POP와 캘리그래피도 배우고 싶었는데 이 또한 지도사 자격증이 있다는 것을 알고 지도사 자격증 취득을 목표로 설정했다.

다음은 내가 가장 잘하고 싶은 분야 중 하나인 악기 연주이다.

퇴직 1년 전, 평소 1인 1악기를 주장하는 나로서는 어떤 악기를 시도할까 고민하다 동료 몇 명과 아코디언을 배우기 시작했다. 음악성이 부족한 내가 연주가 가장 어렵다는 아코디언을 배운다는 것이 쉽지 않지만 기초부터 틈틈이 배워가기로 했다.

다음은 한문 서예 배우기인데 5가지 한문 서체 중 유독 예서(隷書)에 관심이 집중되어 예서만을 쓰기를 고집하며 한문 서체를 배우려고 한다.

우선 예서와 관련된 책을 구입하여 기초를 배우고 동영상 강의를 통해 실력을 가다듬은 다음 퇴직 후 전문가로부터 서예 강습을 배워 꾸준히 실력을 키워 갈 계획을 잡았다.

또한 나의 은퇴생활에 운치를 더해줄 민요 배우기에 입문했다.

마지막 아이템으로는 우리 집의 옥상 공간이 아까워 활용을 고민하다 평소 시도해 보고 싶었던 텃밭을 내 손으로 직접 꾸며보기로 마음먹고 텃밭 프로젝트명을 '삼겹살만 없어요.'로 정했다.

실제로 삼겹살 먹을 때 쓰이는 야채를 중심으로 키워 볼 생각으로 각종 참고 서적을 구입하고 농사를 짓는 친구에게 자문을 구해 계획을 세웠다. 꽃피는 봄이 기다려지는 까닭은 무엇일까?

　은준인隱準人이여!

　퇴직 후 인생의 많은 부분을 차지하는 '혼자서 즐길 거리' 찾기는 퇴직 후 인생의 즐거움과 품격을 좌우하는 코어core다.

◆ 조리 기능사 자격증 하나 정도 취득은 필수이다

내가 선택한 즐길 거리 첫 번째 아이템으로 선택한 것은 양식 조리 기능사 자격증 취득이다.

평소 주말에 가끔 요리를 하면서 만들 때의 즐거움은 물론이고 만든 음식을 아내와 아이들이 맛있게 먹는 것을 즐기던 나로서는 이 아이템을 선정한 것은 당연한 일인지 모르겠다. 나의 버킷리스트 1번이 다름 아닌 '죽을 때까지 아내에게 음식 500가지 선사하기'이기 때문에 나에게는 매우 호감 가는 아이템이다.

그럼 뭘 준비해야 되는가 하고 여러 가지 방안을 고민하다 양식조리사 국가기술 자격증을 취득하면 그 과정에 음식도 배우고 나의 음식에 대한 가족의 신뢰감도 생기겠다 싶어 학원을 알아보았다.

부산 시내를 포함한 인접지역을 수소문한 결과 기장읍에 한 요리학원이 저녁시간에 양식 요리 강습이 있음을 알고 퇴근 후 요리학원을 방문했다. 10여 명이 수업 중이었고 대부분이 남녀 고등학생들인데 그 속에서 과연 배울 수 있을지 의구심이 들었다. 하지만 단단히 마음먹고 다음 날부터 퇴근 후 요리 학원에 가서 한 품목 한 품목 배워 나갔다.

나의 경우 2개월 전부터 미리 공부해 둔 필기시험을 이미 합격한 상태라 오직 실기시험에 모든 관심을 집중시켰다. 양식 요리 시험 대상인 32개의 품목을 모두 배우는 데는 약 1개월 반이 걸렸는데 회사 퇴근 후 저녁 식사도 못 하고 가서 몇 시간 작업 후 귀가해야 하는 일정이 그렇게 쉽지만은 않았다.

어느덧 학원을 수료하고 배운 것을 잘 준비하여 실기시험에 도전장을 내밀었다. 응시 접수 후 남은 시간 동안 집에서 직접 만들어 보고 그동안 학원에서 배운 내용을 찍은 사진과 제작방법을 개인 밴드에 관리하여 반복하여 숙지했다. 또한 다른 동영상도 보면서 어떤 품목이 나오더라도 시간 내에 완성할 수 있도록 머릿속에서 이미지 트레이닝 훈련을 진행했다.

시험 날이 다가와 부산에 있는 실기시험장으로 갔을 때의 약간의 떨림을 난 아직도 생생이 기억한다. 이러한 시험은 대부분 고등학생들이 많이 응시하게 되는데 젊은 학생들과 같이 시험을 치르게 되니 나의 라이벌은 항상 고등학생이라고 지금도 말하곤 한다.

어쨌든 1시간 안에 2가지 품목을 만들어야 하는 실기시험 품목으로 '서로인 스테이크'와 '월도프 샐러드'가 나왔는데 시간이 촉박하여 실력 발휘를 다 못 한 것 같아 발표 날까지 조마조마했다.

발표 당일, 좋은 점수로 합격하였다는 것을 확인하고 참으로 기뻤다. 사실상 학원 측 얘기로는 나이 60세에 양식조리사 시험을 필기와 실기를 최단기간에 한 번에 합격한 사람은 본 적이 없다며 나를 격려하며 칭찬해 주셨다.

이렇게 어려운 과정을 거쳐 양식조리사 국가자격증 취득하였고 이후 학원에서 배운 솜씨를 응용하여 틈틈이 아내와 아이들, 친구들에게 요리를 선사하는 '요섹남'이 되었다. 심지어 이제는 집에 온 손님은 아내보다는 내가 직접 요리하는 경우가 점점 더 많아졌다.

그리고 이러한 배경에서 나의 버킷리스트 1호 '죽을 때까지 아내에게

양식 요리학원 수강

완성된 '슈림프 카나페와 '살리스버리 스테이크'

500가지 음식 만들어 주기' 프로젝트는 순탄하게 진행되고 있다. 시작한 지 2년 만에 약 140종류가 넘는 음식을 아내와 가족에게 선사했다.

가족들이 선정한 나의 최고의 요리는 20분 만에 만드는 로즈메리 향의 서로인 스테이크이다. 소금과 올리브유로 밑간을 하고 충분히 달군 주물 팬에 앞뒤로 2분간 굽고, 이 즙에 버터와 로즈메리, 통마늘을 넣어 구운 후 케첩과 간장 등을 넣어 만든 소스를 끼얹어 채소와 함께 먹는 이 스테이크야말로 우리 가족 모두의 항상 큰 기쁨이다.

나의 '혼자서 즐길 거리' 1호 준비 아이템인 조리 기능사 자격증 취득은 은준인隱準人 모두에게 퇴직 전에 꼭 준비해야 할 아이템으로 강력 추천한다.

은준인隱準人이여!

품격 있는 은퇴 시기를 맞이하기 위해서는 퇴직 전 조리 기능사 국가기술자격증 하나 정도의 취득은 필수이다. 한번 도전해보시라!

◆ 제빵기능사 자격증 취득과
나만의 홈 베이커리 완성하다

양식조리사 자격증 취득 이후 나는 또 다른 즐길 거리 아이템을 찾고 있었다.

통상 주말 아침에 가까운 야산으로 운동을 가는데 아내가 주말 아침마다 오는 길에 제과점에 들러 빵을 사달라는 주문을 하곤 했다. 주로 빵 셔틀 같은 것이었다. 그리하여 나는 빵을 좋아하는 아내와 아이들을 위해 제과제빵 기술을 배워 퇴직 후 집에서 직접 빵을 만들어 가족에게 제공하면 어떨까 고민하기 시작했다.

당연히 빵을 좋아하는 아내로서는 대환영일 것이라 짐작되었다. 또한 훗날 성장하는 손자들을 위해 케이크 등 빵을 만들 수 있다고 생각하니 절로 기쁨이 밀려왔다.

다음 날부터 어떤 방식으로 기술을 배울 것인지 등을 조사하다가 이것 또한 제빵기능사 국가기술자격증이 있다는 것을 알고 양식조리사처럼 자격증 취득에 도전장을 내밀었다.

인접한 곳에 학원이 있는지 알아보니 약 30분 거리에 제과제빵 학원이 있어서 방문하여 그날로 수강 신청을 했다.

학원 운영 방식에 따라 하루는 제빵을 가르치고 다음 날은 제과와 관련된 품목을 가르치는데 차근차근 배워 나갔다.

자격증을 따기 위해서는 제과 분야는 '브라우니'를 포함하여 26품목, 제빵 분야는 '데니시 페이스트리'를 포함하여 25품목의 실기 과정을 거쳐야 완성되는데 통상 1회의 수업시간이 4~5시간이 소요되었다.

필기시험을 위해서는 미리 문제집을 사서 약 1개월간 착실히 준비하여 한 번에 합격하였다. 실기시험을 위해 학원을 다니는 동안 젊은 수강생들과 함께 배우며 소중한 추억도 쌓고 자격증 취득을 위해 열정도 불태웠다.

약 2개월 학원을 수강하였는데 그중 상당 시간을 퇴직 전에 남아 있던 모든 휴가를 쪼개 반차를 내면서 배우러 다녔다.

1개월 정도 지나 제과제빵에 기본적 지식을 습득하고 나니 정말 제대로 빵을 만들고 싶다는 의욕이 생겼다.

학원에서는 통상 3인 1조로 운영되는데 한 품목의 전체 과정을 모두 연습하기에도 어려움이 있고 실제 해보지 않고는 제대로 실력 배양이 될 것 같지도 않았다. 젊은 다른 학원생도 자격증을 취득하기 위해서는 보통 4~5개월이 소요되는 것을 보고 자격증을 따기 위해서라도 나만의 베이커리를 빨리 갖고 싶은 욕심이 생겼다.

어차피 홈 베이커리를 할 바에는 지금 만드는 것이 좋겠다는 판단에 빵 만든 데 들어가는 기구와 도구와 재료 등을 파악했다.

기구는 여러 사람에게 문의하여 제품을 정하여 인터넷으로 주문하고 도구와 재료는 재료상에 가서 일일이 구입했다. 선반과 밀가루 통 같은 필요한 것들도 모두 구입하여 빵집처럼 꾸몄다.

나의 생활공간에 일체의 기구와 도구, 재료 등을 비치하고 주말마다 본격적으로 빵을 만들기 시작했다.

이 빵 만드는 공간을 나는 '홈 베이커리 킬리만자로'라 칭하고 포장지까지 준비하여 제작된 빵을 포장하여 제공하였다. 물론 국가기술 자격증 취득을 위해 학원과 집에서 번갈아 가면서 만들어 보면서 제빵 분야의 전체 실기시험 대상인 25개 품목 중 9개를 학원에서 덜 배운 상태에서 실기시험에 응시하여 양식조리사 자격증처럼 역시 한 번에 합격하였다. 물론 다른 학원 수강생들의 놀라움의 대상이 되었다.

1년 사이에 양식조리사와 제빵기능사 국가기술자격증을 2개를 취득하다니 믿어지지 않았다. 그것도 나이 60세에 단 한 번에 두 개의 국가기술 자격증 시험에 합격하니 참으로 뿌듯했다.

내가 만일 은퇴 준비를 위하여 이러한 노력을 하지 않았다면 어찌 이러한 결과를 만들 수가 있었겠는가? 퇴직을 코앞에 놔둔 상황이었지만 이러한 도전을 통해 정말 나이는 숫자에 불가하고 지금부터라도 무엇이든지 도전하면 충분히 가능할 것이라는 자신감이 가지게 되었다.

모두들 정년퇴직 후 자존감이 상실된다고 하는데 나는 오히려 퇴직을 통해 새로운 자존감을 확립하게 되었다. 이제는 틈틈이 빵과 제과 제품을 만들어 아내에게 선물하고 집안의 생일이나 특별한 날을 위해 다양한 빵을 준비하고 있다.

통상 매주 1회, 제빵과 제과를 교대로 제작하여 공급하고 있다. 일부 주위에서 시판하자는 농담을 던지기도 하는데 현재로는 배우는 단계로 빵의 완성도를 높이는 데 주력하고 있다. 좀 더 기술이 쌓이면 천연발효를 이용한 건강한 빵 만들기에 도전해 볼 작정이다

은준인隱準人이여!

우리가 이루지 못하는 대부분의 일들은 도전조차 하지 않았기 때문이다. 각자 자기의 선호 아이템을 찾아서 화려하고 멋진 은퇴 시기의 삶을 위해 도전하자.

제과제빵 학원에서 실기 실습 중

완성된 버터톱 식빵

거품기로 반죽 섞기

◆ POP 디자인 지도사 자격증을 취득하다

내가 선택한 '혼즐삶'의 '혼자서 즐길 거리'의 하나는 POP이다.

POP란 다소 생소하게 들릴지 모르겠지만 우리가 가는 병원, 약국, 마트, 화장품 가게, 휴대폰 매장 등 우리 주변에서 쉽게 볼 수 있다.

POP는 Point of purchase의 약자로 구매시점 광고 또는 판매시점 광고라 한다. 즉 구매시점이나 판매시점이 되는 현장에서의 광고 즉 점포 입구나 점포 내 판매촉진용으로 활용되는 광고이다.

POP는 일반적으로 바겐세일, 특별 판매, 할인 판매 같은 것을 프로모션할 때 쓰는 광고 표현으로 소비자와 제품을 한 장소에 직접 연결해 주어 소비자의 구매 욕구를 행동으로 옮기게 하는 시각적으로 표현된 직접 광고의 형태라 보면 된다.

POP 광고의 기원은 고대로 거슬러 올라가 고대 폼페이 상점에서 적토로 된 조각판이 발견되었는데 이 조각판을 해석해 보니 판매 물품과 관련된 내용이었다고 한다.

로마 상인들은 글을 모르는 고객들을 유도하기 위해 제품의 실제 모델로 만들어 전시하거나, 회화적으로 표현한 조각판을 상점의 벽, 천정, 선반에 부착하였다고 한다.

POP 광고의 본격적 시작은 1930년대 미국이지만 우리나라에 처음 등장한 것은 1970년대였다. 당시 주로 백화점에서 디스플레이 소품 성격을 띠었는데 특히 화장품 업계가 POP 광고의 선두 주자라 할 수 있었다.

내가 POP 글자 쓰기에 관심을 갖게 된 것은 우연히 TV 프로그램을 시청한 후라 생각된다. 아마도 특정 직업을 가진 사람이 출연하여 어려운 과정을 거쳐 그 분야에서 성공하여 인생 대박을 터트린다는 인기 프로그램이었는데 여기에 POP를 하는 남성 한 분이 출연하여 직접 작품도 만들어 납품하고 또한 수강생을 모집해서 지도도 해주면서 큰 수익을 올리는 것을 보았다.

수익은 아니더라도 평소 새로운 것을 창출해 내는 이러한 분야에 흥미가 있었던 나로서는 퇴직 후 시간적 여유가 있을 때 즐길 거리로는 아주 좋겠다는 생각에 전문가를 만났다.

회사에서 지역 주민들에게 제공되는 교육 프로그램 중 POP 분야도 있어 담당 강사의 자문을 받아 어떻게 진행하는지에 대해 배울 수 있었다.

또한 이 분야에도 자격증이 있다는 사실을 듣고 지도사 자격증 취득에 도전하기로 마음먹었다. 우선 필요한 재료와 책을 구입하고 해당 교육 프로그램 스케줄에 따라 꾸준히 하루하루를 진행하니 정말 재미를 느낄 수 있었다.

약 2개월의 교육을 통해 기초적인 내용에 대해 숙지하였고 그 후 작품을 계속 실행해 보면서 이 또한 나의 즐길 거리로 충분하겠다는 생각이 충분히 들었다.

경험 부족으로 완성도를 충족하기에는 시기상조이지만 작품을 만들 때마다 몰입되어 나름대로의 창작 활동의 기쁨을 느껴 퇴직 후 나에게는 매우 적합한 활동이라 생각되었다. 그렇게 한 작품, 두 작품 완성해 가면서 진행한 끝에 'POP 디자인 지도사' 자격증을 취득하였다.

향후에는 더욱 많은 작품 활동을 수행하여 경험을 쌓고 보다 완성도를 높여 아이들의 방과 후 수업지도 등 재능 기부는 물론이고 주변에 필요한 작품을 제공할 수도 있어 그 활용도는 클 것으로 예상된다.

나로서는 퇴직 후 어느 한 곳에 집중하면서 시간을 생산적으로 보낼 수 있는 좋은 즐길 거리를 발견한 기쁨이 아직도 내 마음에 맴돌고 있다.

은준인隱準人이여!

세상에는 잔잔한 재미를 주는 즐길 아이템이 많다. 작다고 느껴지는 것이라도 자기에게 맞는 것이 있다면 의미를 부여해보자. 흥미가 열정을 불러온다.

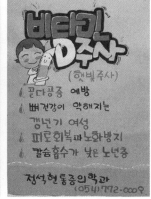

개인병원에 부착된 나의 POP 작품

◆ 캘리그래피 지도사 자격증 취득과 작품 만들기

POP 자격증 취득 후 POP 작업을 하던 과정에서 전체 구성과 큰 글씨 디자인은 어느 정도 되어가고 있었는데 작은 펜글씨가 만족스럽지 않아 항상 고민을 하고 있었다.

사실상 글씨 쓰기는 잘하고 싶은 부분이지만 항상 어렵게 느껴지는 나의 취약 종목의 하나라 할 수 있었다. 그런데 POP 작업 이후 눈에 띄는 모든 글씨에 관심을 갖게 되었으며 많은 글씨체가 활자체가 아닌 누군가에 의해 직접 쓰인 필체라는 것을 발견하게 되었다. 그리고 이런 종류의 글씨가 상품 광고, 행사 문구, 영화 포스터, 캠페인 광고, TV 자막 등 우리들의 생활에 정말로 다양한 분야에서 쉽게 발견할 수 있었다.

그 후로 이러한 글씨체를 캘리그래피라고 한다는 것을 알게 되었고 이 글씨체를 배우면 많은 용도로 활용 가능하겠구나 하는 생각을 하게 되었다.

나는 이를 배우기 위해 망설임 없이 우선 관련 책을 구입하였고 강좌를 알아보았다. 그러는 과정에 캘리그래피가 언제부터 대중화되었는지 궁금하여 살펴보았다.

캘리그래피는 글자를 아름답게 쓰는 기술로써 우리나라 말로는 필기체, 필적, 서법이라고 할 수 있다. 어원은 손으로 그린 그림문자라는 뜻이나, 조형상으로는 의미 전달의 수단이라는 문자의 본뜻을 떠나 유연하고 동적인 선, 글자 자체의 독특한 번짐, 살짝 스쳐가는 효과, 여백의 균형미 등 순수 조형의 관점에서 보는 것으로 발전되었다.

서양에서는 글씨체를 중시한 중세에 발달하다가 르네상스 이후 회화 분야에서 완전히 자취를 감추었으나, 20세기 들어 다시 부활하였다고 한다.

나는 캘리그래피 배우기 또한 자격증 취득을 목표로 학습에 들어갔다. 모든 것을 자격증 취득을 목표로 하는 데는 나름대로 이유가 있다.

첫째는 달성하기 전까지 중간에 잘 포기하지 않는다는 점과 또한 자격증 취득으로 인정을 받아 더욱 지속적으로 발전시켜 나갈 수 있다는 것이다. 따라서 자격증 취득을 위한 기본 강좌를 마치고 별도의 과제로 2개월간 진행을 해도 크게 실력이 향상 되는 것을 느끼지 못하여 나름대로 고민에 빠졌다.

그러던 중 지역주민들을 대상으로 하는 지역주민 생활 프로그램에 이 과목 또한 있음을 알고 전문 강사를 만나 틈틈이 기법을 익히며 인터넷을 통해 동영상 강의도 평행했다. 그러는 과정에 글자의 강약 조절이나 글자 공간 활용법부터 다양한 글꼴의 글씨체를 조금씩 익히며 나만의 선호 글씨체도 만들어 나갔다.

여전히 내 서체는 왜 이렇게 단조롭고 개성이 부족할까라는 고민을 여전히 가지고 있다. 그 과정에서도 매일 반복하며 완성도를 높이기 위해 계속 노력하고 있다. 이러한 과정을 통해 캘리그래피 지도사 자격증을 획득하게 되었으며 그 후에도 계속해서 연습이 게을러지지 않도록 노력하고 있다.

향후 그림의 표현 방법이나 독특한 표현기법 등을 더욱 숙달시켜 이를 실용적으로 활용하여 양초나 벽걸이 화병, 전등, 화분 꽂이 등도 제작하

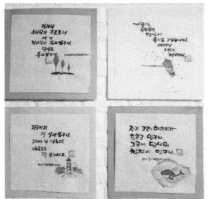

캘리그래피와 예서의 합작

여 선물할 계획을 가지고 있다. 나의 취약부분을 하나의 나의 즐길 거리로 발전해 나가는 과정에 많은 희열을 느낀다.

은준인隱準人이여!

사소한 부분이라 할지라도 창의적인 일에 도전하자. 모두 사람들이 여러분의 노력을 신기해할 것이며 여러분의 기쁨은 배가倍加될 것이다.

◆ 1인 1악기 시대, 아코디언의 선택

정년퇴직 후 우리에게 정녕 더 필요한 것은 아마도 친구일 것이다.

우리는 지금까지 많은 친구를 사귀며 살아왔다. 새로운 친구를 사귀기도 하지만 또 헤어져 오랫동안 보지 못하는 친구도 있기 마련이다. 하지만 정년퇴직 후에는 친구와의 만남이 예전처럼 자연스럽지 못하고 지난날 현역 시절에 맺어 왔던 인간관계의 틀이 다소 달라지게 마련이다. 아무래도 함께 어울려 지내던 분위기에서 혼자 보낼 시간이 당연히 많아지는데 이럴 때 꼭 필요한 친구가 바로 악기라 생각된다.

요즈음은 취미 생활로 악기를 배우기를 원하는 사람들이 많다. 평소 직장 일로 바빠 배우지 못하더라도 퇴직 때가 가까이 오면 악기 하나 정도는 해야 되지 않을까 생각에서 많이 배우게 된다.

나는 퇴직 전 악기를 시작하였고 그 후부터 주위에 많은 사람들에게 1인 1악기를 주장해 오고 있다. 특히 젊은 직원들을 볼 때마다 악기를 빨리 시작하기를 권한다. 악기란 배우고 숙달시키는 데 정말 많은 시간이 요구된다. 젊었을 때 시작한다면 노년에는 그 옆에 항상 멋진 친구가 함께하는 것이다.

유럽의 몇몇 나라에서는 '보통사람'을 말할 때 악기를 하나 정도 다룰 수 있는 사람이 그 기준에 들어간다고 하니 퇴직 후 또는 퇴직에 임박해서 배우려는 우리와는 큰 차이가 있는 것 같다.

어떤 악기를 선택하든지 본인이 선호하는 악기를 선택하는 것이 좋다.

내 주위에서도 기타나 색소폰도 배우고 하모니카, 플루트도 배우고 심지어 바이올린을 처음부터 배우는 사람도 봤다.

따라서 악기의 선택은 자기의 선호도에 기초해 꼼꼼히 따져보고 자의적 판단에 의해 결정하는 것이 좋다. 주위에서 한다고 그냥 따라가는 것은 금방 싫증을 내거나 중도에 쉽게 포기하는 원인이 될 수 있다.

학창시절 음악시간 외에 음악 공부를 해본 적이 없었던 나는 퇴직 2년 전 몇몇 뜻이 있는 동료들과 아코디언 동아리를 만들어 동아리 연습실에서 간헐적으로 연습해 왔다. 처음에는 매주 강사를 초빙하여 기초를 쌓아갔다. 음악적 감각이 부족한 나로서는 배우기에 많은 어려움을 느끼고 있으나 어려운 만큼 또한 끌리는 매력이 있는 악기가 아코디언인 것 같다.

꾸준한 연습이 뒷받침이 되지 않아 여전히 초보의 수준이라 실력이 보잘것없지만 퇴직 후에는 인근 지역의 전문 학원인 '포항 아코디언& 실용음악학원'을 찾아가 박선명 원장님으로부터 보다 체계적으로 배우고 있다.

나의 퇴직 후 여가시간 활용 중 이보다 더 훌륭한 즐길 거리는 없을 것 같다. 향후 더욱 열심히 해서 아내가 좋아하는 대중가요 몇 곡과 내가 좋아하는 팝송 몇 곡을 연마하여 지역사회의 조그만 모임과 행사에 재능봉사도 할 수 있기를 바란다. 아코디언 배움의 가장 큰 꿈은 늦게 본 쌍둥이 아들 결혼식 날 그동안 연습한 아바의 곡 'I have a dream.'을 하객들 앞에서 멋지게 연주하는 아버지의 모습을 보여주는 것이다. 쉽지 않은 일이겠지만 오늘도 도전해 본다.

은준인隱準人이여!

퇴직 후 최고의 친구는 악기다. 은퇴 시기의 악기 연주는 선택이 아닌 필수가 되었다. 왜냐하면 항상 곁에 있어 줄 수 있는 친구가 필요하기 때문이다.

◆ 서예 — 예서隷書 배우기

내가 발견한, 나에게 맞는 또 하나의 좋은 즐길 아이템은 서예-예서隷書 쓰기이다. 예서는 한문의 5대 서체인 전서, 예서, 초서, 해서, 행서 중의 하나로 전서를 기초로 발달한 서체로 당시 노예들의 문서 작성에 이용된 예속된 글이라 하여 예서라 칭하게 되었다는 설이 있으나 확인된 바는 없다고 한다.

예서는 후한 AD 153년 을영비를 시작으로 예기비, 사신비, 조전비, 창천비 등 여러 비에서 이 글이 발견되었다. 각각의 비碑에 나오는 글은 기본적 예서의 특징을 가지고 있으나 각각의 글자 모양을 보고 여성적이냐 남성적이냐 또는 호리한 몸매를 가졌는지 근육질 몸매를 가졌는지 등의 차이를 느낄 수 있을 것 같다.

근본적으로 내가 처음 유독 예서에 빠지게 된 것은 다른 서체에 비해 예서는 아주 말쑥한 필체가 아니기 때문에 손 떨림이 있어도 수용 가능성이 있을 거라 판단해서 유독 예서에 집중하게 되었다.

그런데 사실상 매일매일 조금씩 예서를 쓰면서 예서에 더욱 흥미를 갖게 되었다. 그것은 예서의 3가지 특징 중 하나인 파세波勢 때문이다. 물론 왼쪽 삐침인 도법과 오른쪽으로 그어가다 내리는 구획도 나름대로 멋지지만 파세 즉 평날 파세와 사날 파세를 가진 특징적인 매력을 가진 이 글자체를 보고 예서만을 유독 고집하게 되었던 것 같다.

퇴직하기 전까지는 혼자서 책을 보고 습작하고 동영상을 보고 따라하

서예방의 준비물품

는 정도로 독학으로 공부했다. 보다 확실한 습득을 위해 20강의 인터넷 강의를 마스터하여 기초를 배웠고 동영상에 나온 예서의 많은 글들을 습작하기 시작했다.

나의 퇴직 후 생활공간에 탁자를 마련하고 붓과 머루, 화선지 등을 비치하여 예서와 관련된 책자를 하나하나 구입하고 매일매일 습작하며 닮아가려는 즐거움을 맛보고 있다. 또한 기본 필법 강좌를 공부하며 기초를 습득하고 있으며 이를 바탕으로 을영비부터 한 권 한 권 습작하여 모아두고 있다.

서예를 하다 보면 참으로 집중됨을 느낀다. 좋은 작품의 글을 쓸 수 있으면 더욱 좋겠지만 욕심 없이 글 쓰는 그 자체의 순간순간의 묘미를 즐기고 있다. 좀 더 실력이 쌓여 글이 욕하지 않을 때가 되면 좋은 글귀를 뽑아 점토로 만든 백기와에 글을 써서 보다 독창적인 작품을 만들어 아내를 포함한 지인들에게 한 작품씩 선물하고 싶다.

은준인隱準人이여!

혼자서 잘 즐길 수 있는 특징적이고 독창적인 명품 즐길 아이템 한두 개를 서치search하자. 그 분야를 계속 진행하다 보면 어느새 그 분야의 전문가가 될 수 있다.

◆ 새로 발견된 운치 있는 아이템 '민요 배우기'

내가 선택한 또 하나의 흥미로운 혼자서 즐길 거리는 민요 배우기이다.

민요 배우기는 국악 음악회에 갔을 때 민요 부르는 소리를 듣고 언젠가는 나도 꼭 한 번 시도해 보고 싶었던 아이템이었다. 하지만 왠지 모르게 국악을 접근한다는 것이 어렵게만 느껴졌다.

팝송과 현대 가요는 부담 없이 즐기면서 민요 부르는 것에 대해서 부담감을 느끼는 이유가 무엇일까 궁금했다. 아마도 쉽게 자주 접하지 못하는 것이 첫 번째 이유라 생각되고 두 번째로 민요 부르기에는 아무래도 거기에 적합한 목소리를 가진 사람만이 가능할 거라는 선입감을 가지고 있는 것 같다.

민요 부르기에 전혀 적합할 것 같지 않은 목소리를 가진 나도 가능한지 궁금증이 나를 자꾸 민요 배우기에 뛰어 들게 만들었던 것 같다.

민요는 민중들 사이에서 저절로 생겨나서 전해지는 노래를 말한다. 민요는 노래이며 구전물이다. 노래로 된 구전물은 민요 외에도 무가, 판소리, 잡가 등이 있으며, 가곡과 시조까지도 이에 포함시킬 수도 있다고 한다. 그러나 무가는 무당에 의해 불리며, 판소리, 잡가, 가곡, 시조 등은 광대 또는 가객에 의해 불려졌다. 무당은 무의를 행하는 특수한 직업인이며, 광대와 가객은 전문적인 예능인이다. 그러므로 이들의 노래는 전문적인 수련을 거쳐야 제대로 부를 수 있다.

이에 반해 민요는 생활하는 가운데 자연스럽게 읽히게 되는 것이 보통

민요배우기 교본 및 국악연구소

이며, 수련을 거친다 해도 전문성이 약하다. 민요는 민중이 생활의 필요에 의해 부르는 노래다. 그러므로 민요는 기본적으로 스스로 즐기고 만족하기 위해서 부른다.

내가 민요에 대해 느끼는 특이한 사항은 주제가 매우 개방되어 있어 다른 노래에서는 쉽게 접하기 어려운 주제들을 자연스럽게 다르고 있다는 점이다. 즉 이것은 민요의 주제가 우리 생활 전반을 대상으로 삼고 있음을 의미한다고 볼 수 있다.

이와 같이 민요는 우리의 생활의 노래이자 자신의 노래이며, 동시에 삶을 의미 있게 만드는 노래라고 할 수 있다.

이런 점에서 나는 민요의 다양한 주제와 삶의 흔적이 묻어 나오는 고유의 노랫가락의 끈끈함에 끌린 것 같다. 나에게 매력적으로 다가왔으나 시작은 매우 큰 결심이 필요했다. 왜냐하면 다른 것과는 달리 배우는 과정에 상당히 많은 시간을 요하기 때문이다.

현수막을 보고 며칠을 고민하다 이번에 시도하지 않으면 영원히 못 배울 것 같은 생각이 들어 집 근처의 '김윤하 국악연구소'에 문을 두드리고 입문하게 되었다. 경기민요 명창이신 연구소장님의 지도하에 오늘도 소리의 새로운 세계에서 마냥 뒹굴고 있다.

은준인隱準人이여!

새로운 것에 시도는 영역이 있을 수 없다. 흥미와 의지만 버리지 않는다면 그 노력의 결과는 항상 만족스러운 수준까지 도달된다고 본다.

◆ 옥상 텃밭 만들기

퇴직자의 많은 사람들이 퇴직 후 꿈꾸는 일 중 하나가 한적한 시골로 내려가 농작물 재배하는 일이 아닐까 생각해 본다. 꼭 귀농을 해서 농사짓는 일이 아니더라도 조그마한 자기 땅에 텃밭을 가꾸어 농작물을 재배하는 기쁨을 맛보려는 사람들을 많이 봐 왔다.

농사짓는 일이나 심지어 살아 있는 뭔가를 기르는 일에 전혀 경험이 없는 나로서는 이해하기 어렵지만 아마도 자기의 노력만큼 수확의 기쁨을 맛볼 수 있기 때문에 그러한 일에 빠져들고 선호하는 것이 아닌가 싶다.

한편으로는 퇴직 후 혹은 퇴직 전부터 그런 쪽에 관심을 갖는 사람들의 많은 사람들이 대체로 자기가 소유한 땅에 대한 자부심을 표출시키고 나아가 거기에 농작물을 키움으로 그 만족감을 더욱 배가시키려는 것이 아닌가 생각해 본 적도 있었다.

몇 년 전 지인 몇 명과 고추 재배 주말농장에 참여한 적이 있었는데 정말로 농사짓기가 어렵다는 것을 그때 처음 알게 되었다. 마지막 수확 시 열심히 따서 수확의 기쁨을 느꼈으나 건조단계에서 문제가 발생되어 최종 생산물은 밥공기 하나 정도의 고춧가루를 얻고는 앞으로 다시는 농작물 같은 것은 키우지 않겠다고 결심한 적이 있었다.

그러나 은퇴 시기가 가까워지면서 꼭 한번 도전해 보고 싶은 생각이 들었다. 특히 나의 생활공간을 만들고 나서부터 그러한 욕구가 점점 커져갔다. 왜냐하면 내가 생활하는 사무실 건물 옥상이 그냥 방치되어 있는

데 옥상에 올라갈 때마다 여기에 나만의 조그마한 생태 텃밭을 가꾸어 보면 어떨까 고민했던 것이다.

시골에 적을 둔 친구들이 귀농을 하거나 또는 조그마한 땅이라도 구입해서 농작을 하는 것을 보고 나로서는 그렇게까지는 할 엄두는 나지 않았다. 하지만 바로 가까이에 있는 옥상에 생태 텃밭을 가꾸는 것은 농작의 기쁨도 느끼고 수확물도 획득한다면 그 또한 기쁨이 크지 않을까 생각되어 서서히 추진을 결심하게 되었다.

그러나 시작을 하려니 막막했다. 그러한 생각을 가진 것이 한여름이었으니 시기적으로도 적절치 않았고 그 더위에 그런 내용을 누구에게 물어보는 것조차도 가당치 않은 일이었기 때문이다.

어떤 일에 대해 한 번 결심을 하면 빨리 실행에 옮기지 않으면 안 되는 성격 탓에 서점으로 달려가 나에게 맞는 몇 권의 책을 구입하여 집으로 돌아와 기초부터 습득해 나갔다.

내가 구입한 책을 통해 옥상에 텃밭을 만들어 채소를 가꾸는 것은 자연 생태 환경을 살리자는 취지에서 매우 중요하며 가정에서 나오는 음식물 쓰레기를 제로로 줄이는 것을 하나의 목적으로 하는 것을 보고 더욱 하고 싶은 충동을 느끼게 되었다. 옥상 텃밭에 흙을 파고 가정마다 나오는 음식물 찌꺼기를 묻어 두면 지렁이나 미생물의 먹이가 되어서 20일 정도면 퇴비로 변하고 여기에서 키운 채소가 우리의 먹거리가 되면서 농촌 전원과 다름없는 공간이 될 수 있다고 설명하고 있었다.

어쨌든 나에게는 점점 흥미로움이 커져 갔다.

그러나 구체적으로 어떻게 진행할지에 대한 세부지식이 없었지만 책과 지인들의 설명을 토대로 꾸준히 공부하여 품종별 파종시기도 알 수 있었고 각 종류별 야채 기르는 방법을 배우며 내가 선호하는 야채도 골라 하나하나 배우기 시작했다. 특히 옥상 위에 어떤 식으로 텃밭을 가꿀지가 어려운 문제인 것을 알고 고민도 많이 되었지만 우선 시험 과정에서는 용기를 이용한 재배 방법으로 시작하기로 마음먹었다.

나무상자나 스티로폼 등을 이용하는 방법으로 시작하는 것이 좋겠다는 판단 아래 각 상자별 품종과 시기 등을 하나의 표로 만들어 최고의 전문가인 동네 5일장에 씨앗과 모종을 파시는 아저씨께 자문을 구했다.

이러한 과정이 행복이구나 하는 생각에 벌써부터 나의 옥상 텃밭에 풍성한 야채와 과일이 주렁주렁 열린 듯하다.

나는 옥상 텃밭 가꾸기의 프로젝트명을 '삼겹살만 없네요!'로 정하고 정말로 삼겹살 구워 먹을 때 필요한 야채를 중심으로 우선 재배하기로 했다. 나의 생활공간 'ART SPACE 19'를 방문하는 사람들과의 모임이나 한 달에 한 번씩 가족 모두가 한자리에 모이는 가족모임 '별들에게 물어봐'가 있을 때 이 텃밭이 중요한 역할을 할 수 있기를 소망한다.

은준인隱準人이여!

최선이 아니면 차선으로 즐길 거리를 찾자. 행복과 즐거움은 결과에서만 나오는 것이 아니다. 과정에서도 충분히 큰 기쁨과 즐거움을 만들어 낼 수 있다.

|제2절| 은퇴 준비 제2영역
'함즐삶'에 대한 준비

[1]
'함즐삶' — 함께 잘 즐기는 삶

새로운 인간관계의 틀 속에서 소속감과 유대관계를 형성하자

'함즐삶'이란 퇴직 후 타인과 함께 잘 즐기는 삶을 말한다. 퇴직 후의 삶은 혼자 즐길 수 있는 삶뿐만 아니라 함께 즐기는 삶도 매우 중요하며 이에 대한 탄탄한 준비도 필요하다. 왜냐하면 인간은 혼자서만 살 수가 없고 적당히 어울려 살아가기 때문이다.

직장 생활을 마치고 퇴직을 하게 되면 그 삶의 형태는 본인이 원하든 원치 않든, 알든 모르든 모든 것이 달라지게 마련이다.

특히 인간관계 부분은 더욱 그렇다. 현직에 있는 동안 회사 직원들과의 인간관계 속에서 많은 부분들이 형성되어 있었고 자연히 시간의 대부분도 그들과 보내기 마련이었다. 주 중은 물론이고 심지어 주말까지도 함께 운동이나 취미 생활, 결혼식 참석 등의 사유로 그들과 접촉해야 되는 경우가 자주 발생한다. 특히 회사 사택을 거주하는 경우는 더욱 그렇다. 자연히 어린 시절부터 맺어 온 친구나 학교 동문, 동창 또는 고향 친구들과는 여러 가지 이유로 멀어지는 경우가 허다하다.

94

고향이나 고향 가까이에서 근무하는 경우는 그나마 접촉 기회가 있지만 대부분의 회사원들이 전국 각지에서 채용되기 때문에 고향을 떠나 근무하는 경우가 다반사다. 그것이 대한민국 직장인들의 보편적 생활이라 할 수 있을 것이다. 따라서 설명한 바와 같이 30년 이상의 근무 기간을 통해 모든 인간관계가 직장 중심으로 형성되는 것은 너무도 당연하다.

그런데 정년퇴직 후에는 달라진다. 그동안 밀접한 인간관계를 형성해 온 직장 동료들과의 관계는 자연 멀어질 수밖에 없다. 이제는 퇴직자 입장에서 새로운 인간관계를 정립해야 할 필요가 생긴 것이다.

평소에 지역에 관계를 잘 맺어온 모임이 있다면 한편 다행이지만 그렇지 않은 경우는 의도적으로 노력해야 할 경우도 있다. 아마도 그런 경우는 운동이나 취미활동이 중심이 되는 새로운 인간관계가 형성되기 쉽다고 본다.

내가 아는 지인 중에는 오래전부터 매주 한 번씩 주말 아침에 모여 축구를 하고 식사를 함께 나누는 조기축구회 활동을 하는 친구가 있는데 아주 이상적인 모임의 형태라 생각되었다.

나는 퇴직 후 내가 살고 있는 지역에서 지인들과 몇 가지 모임을 진행하고 있다. 그중 하나인 '새러데이 2피엠Saturday 2PM'은 운동모임으로 매주 토요일 오후 2시에 모여 함께 골프, 당구, 탁구, 볼링 등 다양한 운동을 즐기는 모임이다.

많은 인원이 모이지 않더라도 이러한 소그룹 모임에 참여하는 것은 매우 중요하다.

'함즐삶'에는 이러한 형태의 모임을 자기의 선호도에 따라 몇 가지씩 준비하는 것이 필요하다고 본다.

우리 주위에서 이런 형태의 여러 가지 동아리 모임을 쉽게 볼 수 있다. 예컨대 탁구동아리, 배드민턴, 볼링, 사이클링, 등산, 암벽등반, 수영 등 다양한 활동을 할 수가 있을 것이다. 중요한 것은 자기가 선호하는 운동을 선택하는 것이 바람직하다.

그중에서도 동아리에서 추진하는 운동모임에 참여하기를 권장한다. 왜냐하면 운동을 통한 모임은 인간관계 형성에도 좋을 뿐 아니라 건강관리에도 매우 필요하기 때문이다.

그런데 새로운 동아리 가입이나 모임에 나가는 것을 쑥스러워하며 참가를 꺼려하는 경우도 많이 봤다. 그냥 주위에 있는 헬스장에 가서 헬스나 하겠다는 친구도 봤다. 그것도 나름대로 의미는 있겠지만 보다 적극적인 삶을 살기를 원한다면 함께 어울리며 즐기는 삶의 방향으로 나가기를 권한다.

'함즐삶'에는 스포츠 함께 하기만 있는 것이 아니다. 요즘은 지자체나 주변 대학교에서 운영하는 평생교육원이나 지역의 주민 센터 등은 물론이고 박물관, 문화원, 문학관 등에서도 많은 다양한 프로그램을 진행하고 있다.

퇴직 후 처음에는 낯선 곳에 가기가 쉽지 않을 수 있다. 하지만 마음에 맞는 프로그램을 찾아 용감하게 도전한다면 두 마리 토끼를 잡는 효과를 거둘 수 있다. 새로운 것에 대한 배움의 기회도 갖고 새로운 인간관계도 형성되는 좋은 공간이라 생각된다. 그 외에도 음악, 미술과 관련된 모임이나 문학과 관련된 모임 등 지역에는 각종 다양한 모임이 있기 마련이다. 좋아하는 분야, 좋아하는 단체 등을 찾아 배우며 참여하는 의지가 매우 중요하다는 것을 말하고 싶다.

또한 '함즐삶'의 범위에는 가족이 함께 즐길 수 있는 프로그램이 포함되는 것이 좋다. 특히 아내와 함께 즐기는 고정 프로그램이 있으면 더욱 좋다.

퇴직 후 은퇴 시기에 모든 일을 아내와 함께 하겠다는 생각은 매우 위험한 생각이다. 한 선배 퇴직자는 퇴직 후 아내와 같이 해외여행은 물론이고 매주 등산, 영화뿐만 아니라 탁구 동아리에도 가입해서 모든 것을 아내와 같이 활동하려 했다. 직장 일 때문에 그동안 아내를 위해서 봉사하지 못한 부분에 대한 보상이라는 명분이었다. 그러나 2년이 지난 지금 그들은 그 어느 하나도 실행되지 않고 있다.

분명 각자의 성향에는 차이가 있을 뿐 아니라 지금까지 함께 하지 않던 일들을 오직 아내를 위한다는 명분으로 일방적으로 진행하려 하니 분명 불화의 불씨가 되었을 것이다. 따라서 아내와 함께하는 프로그램은 우선 아내와 상의해서 요일을 정해 주기적인 프로그램을 갖는 것이 각자의 독립된 삶 속에서 함께하는 잔잔한 재미를 줄 수가 있다고 본다.

또한 모든 것을 평등하게 진행하면서 서로가 만족스러운 결과가 나오도록 최대한 배려하는 것이 좋다. 만일 서로 등산을 좋아하여 진행하기로 결정했다면 순번제를 정해 일주일에 한 번씩 상대방의 의견을 듣고 코스 정하기 등 상대방의 의견이 반영된 평등한 관계에서 진행하는 것이 좋다고 본다.

이제 '함즐삶'에 대한 준비와 관련된 내 경우를 말해보면 크게 다섯 가지를 준비하고 있다.

첫째로 나 역시 운동을 좋아하는 터라 우선 친구들과 함께하는 운동으로는 골프와 당구 3쿠션, 그리고 탁구를 선택했다.

골프의 경우 오래전부터 시작하여 회사 내에서 골프 총무를 한 경험도 있고 해외 근무 시 주말을 이용해 꾸준히 접해 왔지만 퇴직 전 5~6년간을 보직 등의 이유로 잠시 접어야 했던 운동이라 무엇보다도 다시 즐기고 쉽고 실력도 향상 시키고 싶은 욕심나는 운동이다.

한편, 당구 3쿠션은 퇴직이 되면 본격적으로 꼭 배우고 싶은 운동이라 선택하였는데 현재 지속적으로 틈틈이 이론과 실전을 병행하여 배워 오고 있다. 당구 3쿠션은 나에게 맞는 아주 흥미로운 운동임을 발견했다.

탁구의 경우 초보 수준의 실력이었지만 셰이크핸드를 다시 배워 지역의 동아리에 가입하여 함께 운동하기를 희망해 왔다. 이 프로그램은 주로 'Saturday 2PM' 멤버들과 활동하고 있으며 그 외 주기적으로 아내와 경주 남산을 여러 코스에서 등반하며 함께 즐기는 활동도 하고 있다.

운동 외에는 지역에 있는 특정 문인단체 소속으로 각종 문학 강연, 시와 수필 등의 창작 활동, 시 낭송 등 발표 등을 준비하고 있으며 또한 동리목월문학관, 경주국립박물관, 경주 문화원 등에서 운영하는 다양한 교양 프로그램에 참여하고자 한다. 이러한 활동들은 나의 퇴직 후 삶의 중요한 부분이 될 것이며 새로운 인간관계 정립에 큰 도움이 될 것이다.

또한 가족들과의 함께 즐기는 삶에서는 한 달에 한 번 매주 마지막 주 토요일 각자가 그날 먹을 고기 등 바비큐 재료를 지참하여 함께 어울리는 가족 바비큐 파티 '별들에게 물어봐!'를 열고 있다.

가족 모두가 소중한 별과 같은 존재이고 이곳에 모여 서로 안부를 묻는 가족 모임이다. 매일매일 서로의 안부를 묻고 소식을 전하는 가족밴드 '꿈이 있는 쌍둥이네'가 온라인이라면, '별들에게 물어봐'라는 오프라인의 주요한 가족 소통 채널이다.

그 외에 중요한 프로그램의 하나는 아내와 함께하는 '치매예방 아내와 마작하기' 프로그램이다. 아내가 마작을 쉽게 이해하기 위해 마작 방법을 정리하여 습득하게 하여 주기적으로 게임을 함께 즐기는 것 또한 나의 주요한 은퇴 프로그램 중 하나다.

기타 매월 1회(마지막 주) 아내는 물론 친척, 지역 원로나 선후배 등 평소 교류를 못 하고 있던 분들을 영화관에 초대하여 함께 영화를 보고 오찬이나 만찬을 나누는 프로그램 '한 프로 하실래예!'를 진행하고 있다.

은준인隱準人들이여!

'혼즐삶'이 밑돌이라면 '함즐삶'은 기둥과 같은 것이다. 함께 즐길 수 있는 다양한 아이템 개발은 여러분의 은퇴생활에 더 큰 재미를 선사할 것이다.

[2]
친구와 함께 즐기는
스포츠 활동을 통해 인간관계를 확대

스포츠 활동을 통한 교류는 두 마리 토끼를 잡는 지름길이다

'함즐삶'에 대한 준비 중 필수적 내용 하나는 스포츠 활동을 통한 인간관계 형성이다. 은퇴 시기에 있어 가장 강조되어야 할 부분 중 하나가 인간관계인데 이러한 인간관계 형성은 기존의 인간관계를 유지하거나 평소 등한시되어온 인적 네트워크를 강화시킬 수도 있지만 새롭게 형성해야만 되는 경우도 발생될 수 있을 것이다.

이 경우 가장 쉽게 접근이 가능한 부분이 아마도 스포츠 활동을 통한 교류가 아닌가 생각된다. 기존에 참여해 왔던 혹은 평소 즐기던 스포츠 활동에 대한 참여도 좋고 평소 좋아하지만 시간적, 신분적 제약으로 하지 못했던 스포츠 활동을 적극 참여함으로써 가능하다. 심지어 그동안 현역 시절 해보지 못했지만 시도해 보기를 희망해 왔던 종목에 대해서도 종목을 골라 조금씩 준비함으로써 참여할 수도 있을 것이다.

일일이 그 종목을 열거하지 않더라도 다양한데 대표적으로는 골프, 등산, 탁구, 배드민턴을 비롯하여 테니스, 사이클, 볼링, 수영, 당구, 축구, 야구, 족구, 농구, 암벽등반 등을 들 수 있다. 이 종목 중 자기가 선호하는 종목을 가지고 나름대로의 계획성을 갖고 지속적으로 연습하고 기량을 연마하여 개인의 건강 증진은 물론이고 이러한 스포츠 활동을 통해 새로운 인간관계 정립에도 도움이 될 것이다.

이러한 기본 취지하에 스포츠 활동을 통한 함께 즐기는 삶에 대한 내가 선택한 대표 종목은 4가지로 압축하고 이에 대한 구체적 실천 계획을 마련하였다.

우선 내가 선택한 스포츠는 당구, 골프, 탁구, 등산으로 선정하고 이에 따른 목표를 설정했다.

당구의 경우 평소 관심이 많았던 3쿠션 분야를 정해 기초부터 차근차근 배워 수지를 대대 20점과 애버리지 0.5를 1차 목표로 정해 훈련하고 퇴직 후 지역 내 동아리에 가입하여 활동하여 친교 활동을 하는 것으로 했다.

골프의 경우는 오랜 경륜에도 최근 5-6년간 중단했던 터라 우선 과거에는 수차례 이루었지만 다시 싱글 달성을 목표로 하여 꾸준히 연습하고 퇴직 후 지역 지인이나 퇴직 동기들과의 정기 교류회를 가질 수 있도록 하는 것을 목표로 잡았다.

또한 탁구의 경우 초보 수준이지만 셰이크핸드로 레슨을 통한 기초 기술 습득을 통해 기술을 정식으로 키우고 지인들과의 정기 모임이나 지역 동아리 활동을 통해 신체 건강도 키우고 인간관계 교류도 증진하고자 하는 것을 목표로 잡았다.

마지막으로 등산의 경우 무릎이 좋지 않아 높은 산 등반에는 어려움이 많기 때문에 과거 즐겨 다녔던 경주 남산을 정하여 아내와의 정기

모임을 갖고 가벼운 산행과 함께 아내와의 교류의 장으로 활용코자 설계하였다.

은준인隱準人이여!

스포츠 활동을 통한 교류는 두 마리 토끼를 잡는 지름길이다. 스스로의 건강도 지키고 친밀한 인간관계 형성에도 으뜸이라는 사실을 알아야 한다.

◆ 당구 — 3쿠션의 새로운 세계에 도전하다

나에게 은퇴 후 가장 하고 싶은 스포츠가 있었다면 그것은 당구 3쿠션 경기였다. 과거 입사 후 직원들과 어울려 4구라는 당구를 조금 접해보긴 했어도 적극적으로 매달려 어울릴 시간이 없었던지라 당구의 3쿠션 경기는 나에게는 쉽지 않은 운동임이 틀림없다.

하지만 TV 전문 채널에서 하는 당구 3쿠션 경기를 볼 때마다 엄청난 정확성을 요구하는 이 운동에 흠뻑 매료되어 퇴직 후 꼭 도전해 보기로 마음먹었던 운동이다.

사실 난 이 운동을 퇴직 후 아내와 같이 해 보고 싶은 이유도 전혀 무시할 수 없다고 본다. 평소 동적인 운동을 좋아하지 않는 아내의 입장으로 볼 때 크게 몸을 쓰지 않고 긴 리치가 유리한 이 운동이 나름대로 적성에 맞을 것 같고 또 TV에서 여성 플레이어가 경기하는 모습을 보고 아내가 관심을 갖는 것을 본 적이 있어 난 아내가 우리의 노년 시간에 이 운동을 함께 즐기면 좋겠다는 생각에서 당구 3쿠션 경기를 배우려 했던 것이다.

오래전 외국에서 근무할 때 동네 시니어 클럽에서 노부부가 함께 빌리야드 경기를 하는 모습을 보고 나도 퇴직하면 노년에 꼭 그렇게 해 보겠다고 마음먹은 적이 있었다.

하지만 처음 시도해 보는 운동이라 어떻게 시작할지 알 수가 없어 우선 틈틈이 시간을 내어 3쿠션의 기초 이론에 관한 책을 통해 학습해 나갔다. 그리고 매일 동영상 학습 자료를 통해 이론을 노트에 정리하기 시작했다. 물론 실습이 무엇보다도 중요하다는 것을 알지만 이론이 뒷받침되지 않는 실습은 시간 소요가 많다는 것을 알고 있기 때문에 이론 학습을 소홀해하지 않는 편이다.

또한 쉽게 매일 실습 경기를 할 수 있는 처지가 아니기 때문에 더욱 그러하다. 주 중에 배운 이론을 중심으로 주말 빌리야드 룸에서 연습하고 또 실전 게임을 통해 실력을 계속 발전시켜 왔다.

약 8개월이 지나면서 조금씩 진전됨을 느끼며 몇 개를 놓아도 끝나지 않을 것 같던 실력이 조금씩 향상됨을 느꼈다.

퇴직 후 시간을 좀 더 투자하여 집중적인 연습의 시간을 지속적으로 갖는다면 보다 나은 결과를 기대할 수 있을 것 같다. 이제는 나에게 맞는 개인 큐대를 마련하고 지인과의 정기전을 통해 점차 실력을 키우고 있으며 지역 동아리에 가입하여 지들과 함께 정기전을 갖으며 흥미 있는 활동을 하고 있다.

은준인隱準人들이여!

새로운 것에 대한 도전은 그만큼의 노력이 필요하지만 새로운 것을 얻는다는 기쁨 또한 그만큼 크다. 망설이지 말고 도전하자.

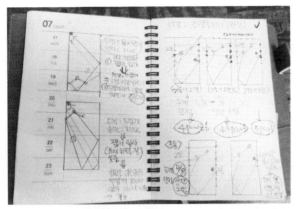

실전과 이론을 병행하여 실력 향상에 노력

◆ 골프를 통한 인간관계 형성 및 싱글 재도전하기

함께 어울릴 운동에 대한 두 번째 종목으로 골프를 선택하였다.

골프를 처음 접한 것은 1991년으로 회사 업무로 캐나다에 해외 근무를 한 적이 있었다. 당시 캐나다는 골프가 매우 대중화되어 있었고 많은 회사에서 정기적으로 골프 대회를 열곤 하였다.

당시 캐나다 회사와 관련된 프로젝트에 참여한 나는 다른 직원들과 함께 골프 대회에 초대받았다. 하지만 우리 직원들은 당시 골프에 대한 경험이 없던 터라 감히 참가할 수 없었지만 난 용감하게도 대회 몇 주 전에 클럽을 장만하여 당시 준프로였던 나의 외국인 회사 카운터파트의 단기 속성 지도를 받고 참가하였다.

처음 참가하여 게임을 한 첫 골프대회에서 니어리스트 시상이 걸린 홀에서 거의 홀인원을 할 뻔한 일이 인연이 되어 나는 그날 이후 골프에 매력에 빠져들게 되었다.

그 후 필리핀에서의 해외 근무 기간 중 더운 나라의 특성상 체련 단련이 필요해 주말을 이용해 운동에 몰두할 수 있어 자연히 골프 실력도 일정 수준에 올라설 수 있었다. 홀인원과 이글을 경험하며 싱글도 여러 차례 한 경험도 가지고 있다.

한국에 있으면서 회사 내에서도 골프 동아리 모임의 총무를 오랫동안 맡아 매년 골프 대회도 개최하는 등 항상 골프와의 인연을 맺어 왔다.

하지만 공기업 직원의 신분으로, 특히 대외업무를 총괄해야 하는 실

생애 두 번의 홀인원을 포함한 골프 관련 트로피

무 책임자의 입장에서는 아무리 내가 선호하는 운동이라 할지라도 회
사 업무의 특성상 약 5~6년간을 운동할 입장이 못 되어 자제할 수밖에
없었다.

사실상 골프가 내 인생에 차지하는 비중은 적지 않았지만 그렇다고 지
금 와서 또다시 많은 것을 그곳에 투입하고 싶은 생각은 더욱 더 없다. 왜
냐하면 골프의 끝은 무한하여 너무 깊게 빠지면 다른 하고픈 일들이 등한
시되는 결과가 발생되기 때문에 수위를 조절하며 적당히 즐기고자 하는
것이 지금의 내 심정이다.

다만 그동안 지난 시절 골프에 투입된 나의 열정과 시간에 대한 결과물
로써 빠른 시일 내에 싱글에 재도전하는 것을 달성하고 싶다. 어쩌면 특
별한 획기적인 조치 없이는 달성이 어려울 수도 있겠지만 전혀 불가능하
다는 생각은 아직 들지 않기 때문에 다시 한번 도전해 보고자 한다.

목표가 있는 나로서는 지금 행복할 수밖에 없다. 이러한 과정에서 지난

2018년 8월에 우연히 얻은 나의 두 번째 홀인원은 뜻밖의 큰 행운이었다.

은준인隱準人이여!

목표가 없는 것보다는 목표가 있는 것이 몇 배가 더 행복하다. 목표가 없는 사람은 같은 것을 이루고도 이루었다고 할 수가 없다.

◆ 탁구 — 새벽 레슨을 통해 셰이크핸드를 배우다

스포츠 종목 중 골프나 당구와는 달리 보다 용이하게 여러 사람을 접할 수 있는 대중적 스포츠를 고르던 중 탁구가 나의 관심을 끌었다.

회사에 입사하여 직원 시절 구내식당에서 점심 식사를 마치고 동료들과 어울려 함께 탁구를 즐긴 적이 있었다. 삼삼오오 편을 짜서 간식 내기 시합을 하고 웃고 떠들던 시간이 참으로 좋았다. 이런 시간을 통해 본인의 건강 증진은 물론이고 조직의 결속력 강화에도 큰 도움이 되었다고 생각한다.

그러던 중 직책이 높아 가면서 이러한 기회는 점점 멀어져 갔고 연중 한 번씩 있는 체육대회 때 직원들의 어설픈 요청에 떠밀려 얼떨결에 복식 경기에 참가한 경험이 탁구에 대한 나의 모든 것이라 할 수 있다.

이러한 시합이 있을 때마다 어디든 다크호스가 나타나기 마련이다.

당시 대부분 펜홀더 그립으로 칠 때 유독 셰이크핸드 방식으로 멋지게 치는 동료를 보면서 언젠가 꼭 셰이크핸드 방식을 배워서 멋지게 탁구를 한번 쳐보겠다고 수차례 결심한 적이 있었다.

그러나 그 실행 시점은 점점 멀어져 퇴직을 앞둔 시점이 되고 나니 이제는 좀 늦었다는 생각이 들었다. 그런데 곰곰이 생각해 보니 뭐가 늦었다는 것인가 궁금했다. 내가 지금 이 나이에 셰이크핸드 방식을 배워 탁구 선수로 나가겠다면 분명 늦었다고 할 수 있겠지만 그냥 셰이크핸드를 배워 취미 생활을 하겠다는데 늦었다고 볼 수는 없다는 생각이 들었다.

6개월간 새벽반 셰이크핸드 강습

그리하여 나는 퇴직 1년 전, 셰이크핸드를 배워 꾸준히 연습하고 퇴직 후에는 지역에 있는 동아리에 가입하여 활동하기로 목표를 세우고 새벽 시간의 강습반을 찾아 레슨을 받았다.

거의 초보자 수준이라 시작은 어려웠지만 약 6개월의 개인교습을 통해 기초를 쌓으니 점차 좋아짐을 느꼈다. 새벽마다 레슨을 받는 것이 쉽지 않은 일이었지만 교습을 받고 나니 조금 자신감이 생겼다.

이제는 지역 지인들과의 정기전을 갖고 탁구 동아리에 가입하여 기술을 연마하고 함께 스포츠를 즐기며 삶의 한마당을 차지하고 있다.

무엇이든 될까 안 될까 고민하고 두려워하면 얻을 것이 없다고 생각한다. 정말 늦지 않을 것을 늦었다고 생각하면 우리가 이루고 싶은 많은 것들을 이룰 수 없게 되는 것이다.

은준인隱準人이여!

지금 여러분은 하고 싶은 일들을 늦었다고 생각하고 도전하지 않는 일들이 없는지 체크check해 보자. 늦지 않은 것을 늦었다고 생각할 필요는 없는 것이다.

(3)
아내와 함께 즐기는 이벤트를 마련하자

◆ 아내와 함께 경주 남산 정기 산행 추진

내가 현재 살고 있는 경주는 표현할 수 없을 정도로 좋은 점이 많다.

경주는 내가 태어난 곳도, 이곳에서 학교를 다닌 것도 아니지만 나는 정말 경주를 좋아한다. 그 이유는 여러 가지가 있지만 굳이 한 가지만 고르라면 아내가 태어난 곳이기 때문이라고 말하고 싶다. 왜냐하면 아내를 통해서 경주의 멋을 하나하나 발견했기 때문이다.

아내는 정말 경주를 말없이 사랑한다. 가수 '싸이'가 '강남 스타일'이라고 한다면 복잡하고 화려한 것을 좋아하지 않는 아내는 정말 '경주 스타일'이다.

경주는 바깥으로 보이는 화려함보다는 숨은 은은함이 더 매력적이다.

첨성대, 불국사, 천마총 같은 교과서에 나오는 일반적인 관광지 외에도 경주는 전역이 관광 문화자원의 보고寶庫다.

나는 가끔 사석에서 경주가 우리나라 최고의 도시가 되어서는 안 된다고 말하곤 한다. 왜냐고 물어보면 이렇게 대답한다. 왜냐하면 경주는 우리나라 최고의 도시가 아니라 세계 최고의 도시가 되어야 하기 때문이라고 대답한다.

경주는 아마도 신神이 우리에게 줄 수 있는 모든 자연 환경의 선물을 모두 준 세계 유일의 도시라고 생각한 적이 있다.

산, 바다, 강, 호수, 계곡, 논과 밭, 넓은 들판 등 자연의 모든 것을 다 품고 있다. 거기에 숭고한 신라 천년의 역사를 안고 있으며 문화가 숨쉬고 있다. 세계 여러 도시 중 이렇게 완벽하게 자연과 역사 그리고 문화가 조화된 도시는 없다고 본다.

이런 경주를 나와 아내는 말없이 사랑하고 있다.

직장생활 중 여러 번 발령을 받아 이동도 했지만 결국 돌아온 곳이 경주이고, 퇴직 후 마지막까지 머물겠다고 작정한 곳도 경주다.

나는 지금도 경주로 들어 올 때마다 경주가 참 만만한 곳이라는 느낌을 갖는다. 내 마음속에 '만만하다'는 단어는 '참 편안하다'는 뜻으로 나름대로 해석된다.

도시의 형태도 수직적 개념보다는 수평적 개념으로 늘 어디에서나 하늘이 쉽게 보이는 분위기가 내 마음에 쏙 든다.

그런데 경주를 좋아하는 이유 중 진짜 이유는 다른 데 있다. 그것은 바로 경주 시내에서 멀리 않은 지척咫尺에 '경주 남산'이라는 명산이 있기 때문이다.

'경주 남산'은 크게 서남산과 동남산으로 나누어지며 금오봉과 고위봉을 중심으로 형성된 산으로 20개가 넘는 산행코스를 가지고 있다.

남산 등반 지도 - 약 20여 곳으로 등산이 가능

　한때 외부 교육 기관에 교육발령이 나서 입학하기 전 1개월가량의 개인적 시간의 여유가 있었는데 이때 경주 남산의 전 코스를 혼자서 매일 등반한 적이 있었다.

　나는 특히 신라 말엽의 문필가인 최치원 선생이 머물며 왕에게 상서를 올렸다고 하여 지어진 상서암에서 금오봉까지의 코스를 좋아했고 지금도 여전히 좋아한다. 혼자서 사색하며 음악도 듣고 노래도 부르며 남산의 완만한 길을 걷다 보면 이것 또한 딱 내 스타일이다.

　당시 나에게는 너무도 의미 있는 시간이었다. 정년퇴직 후 꼭 경주에서 살겠다고 결심한 시기가 바로 그때였다.

　이제 은퇴를 맞이하여 나의 함께 즐기는 삶의 '함즐삶' 프로젝트의 한 아이템에 포함시켰다.

주기적으로 나는 '아내와 함께하는 경주 남산 즐기기' 산행을 추진하고 있다. 산행 중 각종 유적에 대한 아내의 설명이 곁들어지면 '꿩 먹고 알 먹고'다.

이것이 바로 경주 남산 즐기기의 묘미이다.

산행을 마치고 아내와 함께 나누는 칼국수 한 그릇이나 파전에 막걸리 한 사발은 나의 은퇴 시기를 큰 즐거움으로 채우는 중요한 이벤트가 되기에 충분하다. 경주 남산 자락의 막걸리 맛은 너무도 좋다. 그래도 음주운전은 용서가 안 된다. 둘 중 한 사람만 가능하다. 오늘은 그 술 맛을 아내에게 양보해야겠다.

은준인隱準人들이여!

함께하는 모든 이벤트에는 의미를 부여하자. 그러면 퇴직 이후의 삶 하나하나가 모두 유의미하게 될 것이다.

◆ 치매 예방을 위해 아내와 마작하기

　함께 즐거움을 나누는 삶 중 재미있는 아이템 중 하나는 바로 아내와의 마작하기이다.

　요즘 우리나라에서의 마작 인구는 거의 없고 중국 옛날 무술 영화에서나 가끔 볼 수 있다.

　나는 해외근무 중 차이나타운 방문 시 집이나 건물 앞에 삼삼오오 모여 마작 게임을 하는 것을 보고 매우 흥미롭게 느꼈다. 우리나라의 화투놀이처럼 상대방을 두고 하는 게임인데 4명의 플레이어가 함께 한다. 당시 옆에서 지켜보니 규칙이 굉장히 복잡할 것 같은 느낌을 받았다.

　해외 근무를 마치고 한국으로 돌아와 야외 운동보다 조용한 실내 게임을 선호하는 아내에게 같이 할 것을 제안하였으나 처음에는 반대하여 구입한 마작기구는 선반 속 어디에서 잠을 자고 있었다. 하지만 퇴직 후 다시 끄집어내어 아내에게 치매 예방에 가장 좋은 방법 중 하나가 마작이라고 설득하여 함께 하기로 하였다.

　사실상 우리나라 노인들 중 오랫동안 고스톱을 치는 노인들이 치매에 걸릴 확률이 상대적으로 적다는 연구 논문을 본 적이 있는데 그렇듯이 마작 또한 분명 노후의 정신 건강과 흥미로운 삶에 도움을 줄 것이라 확신한다.

　마작은 본디 중국에서 시작된 놀이이므로 용어는 모두 중국어로 불린다. 한자어 마작麻雀은 패를 섞을 때의 소리가 마치 대나무 숲에서 참새

떼가 재잘거리는 소리를 닮았다고 하여 붙여진 이름인데 언제 누가 만들었는지는 분명하지 않다고 한다.

마작은 패가 화투나 트럼프에 비해 독특한 분위기를 지녔고 규칙이나 방법이 복잡해 놀이의 승패가 우연과 기술의 적절한 조화에 의해 이루어진다고 볼 수 있다.

마작의 패는 만수, 통수, 동서남북, 백중발, 꽃으로 구성되는데 통상 104개를 사용한다. 4명이 자리에 앉아 13줄씩 2층을 쌓는 것으로부터 시작한다.

주사위를 던져 선을 정하고 또 주사위를 던져 패를 먼저 가져갈 사람을 정해 선은 14개, 나머지 사람은 13개를 가져가 패를 하나씩 버리고 가져감으로써 패를 조합해서 조를 맞추어 가는 게임이다.

이 게임은 비리를 저지르지 못하도록 게임 규칙이 매우 엄격하게 되어 있다. 3개의 기본 약과 18개의 정해진 약을 한 경우 판수 계산을 하는데 숙달될 때까지는 그 계산이 복잡하여 정말 치매 예방에는 크게 도움이 될 것이라 생각된다.

하지만 나는 처음에는 게임의 방법도 모르고 주위에 누가 아는 사람도 없어 고민하다가 책을 통해서 하나하나 규칙을 정확히 습득하는 것이 중요하다 생각되어 마작과 관련된 책을 구입하였다. 그것을 몇 번 숙독하고 누구나 쉽게 게임에 적응할 수 있도록 요약하여 이것을 도화지 2장에 정리하였다. 이것을 가지고 아내에게 설명하니 어려워하지 않고 쉽게 게임을 배워 나갈 수 있었다.

그런데 마작 테이블이 없어 구입하려고 하니 너무 고가라 직접 만들기로 하고 DIY 가구 제작에 능한 동료의 도움을 받아 나무 판을 만든 후 바

DIY로 제작한 마작판

게임 룰 정리

마작판 제작 과정

닥 천을 구입하여 제작하니 멋진 마작 테이블이 완성되었다.

원래 4인이 한 조가 되어 경기를 하지만 경우에 따라 2인도 게임이 가능하기 때문에 아이들이 없을 때는 아내와 둘이서 틈틈이 마작 게임을 즐긴다.

은준인隱準人이여!

남들이 잘하지 않는 새로운 분야에 대한 도전은 여러분의 삶에 또 다른 활력을 줄 것이다. 도전하는 자만이 도전에 대한 즐거움을 맛볼 수 있다.

가족과 함께 즐기는 이벤트를 준비하자

◆ 정기 바비큐 가족 모임 '별들에게 물어봐' 개최

우리의 열정과 아이디어를 이제 가족에게 선사하자

퇴직 후 은퇴자가 상대적으로 개인적 시간의 여유가 많은데도 불구하고 가족 모임 등 가족과 함께하는 자리가 점점 적어지는 경우를 많이 보아 왔다. 나의 경우도 크게 다르지 않다고 생각된다.

자식들이 점점 성장하고 결혼, 직장, 자녀 육아 등 여러 가지 이유로 함께 자리하기가 쉽지 않음을 나 역시 깨닫고 있다. 하지만 단지 그런 이유만으로 그런지 의문이 살짝 든다.

현직에 있을 때는 가족 모임에 대해 크게 인식하지 못하고 사소하게 생각했던 일들인데 이제 와서 의미를 새삼 부여하려니 쉽지 않아 보인다.

무엇보다도 어떠한 방식으로 할 수 있을까 생각하니 그 해법을 찾기는 더욱 어려웠다. 나름대로 가족 밴드를 운영하여 소통의 공간에 모두 참여토록 유도도 해 왔고 매일 아침 단톡을 통해 문자도 보내며 서로의 존재를 확인하여 왔지만 뭔가 부족함을 느껴왔다. 가족 모두가 흥미를 느끼며 서로의 입장과 감정을 잘 전달할 수 있는 이벤트 같은 것이 있으면 좋겠다는 생각이 들었다.

과거 가족 중심의 틀에서 개인 중심의 생활로 변모해가는 이 시기에 가족들이 정기적으로 만남의 자리를 갖고 그동안의 안부를 나누는 최소한의 시간을 확보하는 것이 필요하다고 생각되었다.

그리하여 정기적으로 조그마한 가족 모임을 갖기로 제안하여 가족 모두의 동의를 구하고 2개월에 한 번씩 나의 생활공간인 'ART SPACE 19'에서 정기적으로 바비큐 식사 모임인 '별들에게 물어봐'라는 모임을 갖기로 하였다.

모든 준비는 아버지가 하고 참석자들은 바비큐 때 먹을 재료를 하나씩 지참해 오도록 하는 포틀럭 파티^{potluck party} 방식으로 진행키로 했다. 자발적 참여도를 높이기 위해서다.

사전에 미리 날짜를 조율하고 각자가 그때그때 먹을 재료를 직접 구입해서 가져 옴으로써 잔잔한 재미를 주고자 했다. 경우에 따라서는 한 번씩 친척들이나 아이들 친구들도 초대하여 함께 나누는 식사의 기쁨도 맛보고 홈 베이커리에서 준비된 재료를 가지고 제빵 만드는 이벤트를 열어 또 다른 재미를 선사하고자 한다.

이 프로젝트의 이름을 '별들에게 물어봐'로 정했다.

이 자리에 참석 가족 모두가 별과 같은 귀한 존재로서 그런 별들이 한자리에 모여 서로의 안부를 물어보자는 의미를 담았다. 설혹 한 집에서 같이 산다 하더라도 이러한 모임을 정기적으로 갖는 것은 매우 의미 있는 일이 아닌가 생각된다.

특히 밖에서 하는 외식이 아니라 가족 모두가 한 자리에 모여 음식을 장만함으로서 가족의 끈끈함을 더욱 크게 심어 주고 싶었다. 아직 초기 단계지만 모두들 참여도도 높고 흥미로워하는 것 같다.

아직 미혼인 아이들은 성장하여 결혼을 하여 자녀를 두었을 때 할아버지가 만들어주는 스테이크나 함께 만드는 바비큐 파티 참석은 가족 모두에게 매우 큰 의미로 전달될 것으로 기대한다.

나는 지난 나의 회갑연 저녁 모임에 가족들을 초대하여 내가 직접 만든 요리한 음식으로 저녁 식사를 했고 손수 제작한 애플파이를 선물로 주는 기쁨을 맛보았다.

은준인隱準人이여!

그동안 회사를 위해 얼마나 많은 열정과 아이디어를 제공하였던가? 이제는 우리 가족들에게도 그 열정과 아이디어를 선사하는 멋쟁이가 되어보자.

지난 2018년 10월 나의 회갑 때 손수 만든 스테이크로 가족을 초대

'끝도삶'에 대한 준비

[1]
'끝도삶' — 끝없이 배우고 도전하는 삶

품격 있는 인생 2막을 위해 끊임없이 배우고 도전하자

'끝도삶'이란 끝까지 배우고 도전하는 삶을 말한다.

우리들은 지금까지 끊임없는 배움과 도전을 통해 살아왔다. 개인적으로는 대학과 취업이라는 관문을 뚫기 위해 도전하였고 직장에서도 진급이라는 목표를 향해 어렵게 달려왔다. 또한 회사의 목표를 달성하기 위해 조직의 일원으로서 그 역할을 다하기 위해 도전해 왔으며 그 외에도 크고 작은 공적인 또는 사적인 목표와 희망을 향해 도전해 왔다.

그중에 많은 부분들은 실현되어 성취의 기쁨도 느껴 보았지만 때로는 실패의 쓰라림도 맛보았다. 그런데 이러한 도전의 과정은 항상 어렵고 힘들게 느껴지지만 만약 이러한 과정이 우리에게 없었다면 어떻게 되었을까? 우리가 추구하고 목표하는 바를 과연 얼마나 달성할 수 있었겠는가?

'도전하지 않으면 얻을 것이 없다'는 말에 공감하지 않을 수 없는 이유이다.

정년퇴직 후의 삶도 그렇다. 정년퇴직을 하였다고 누가 우리에게 행복을 가져다줄 수 있겠는가? 그동안 가지 못했던 해외여행 몇 번 간다고 100세 시대나 30-30-30 시대를 맞이한 우리의 인생을 행복하게 만들어 줄 수 있다 말인가?

그렇지 않다.

우리의 진정한 행복은 우리 스스로가 준비하지 않으면 그 누구도 가져다 줄 수 없고 만들어지지도 않는다.

우리에게 필요한 것은 우리가 찾아 도전하고 거기에서 행복과 기쁨을 만들어 나가야 하는 것이다.

지난 2년의 임금피크제 기간 동안 나는 많은 도전을 해 왔다. 왜냐하면 퇴직이 되어 곧 본격적인 은퇴 생활을 해야 하는데 그 누구에게도 또 그 어디에서도 내가 원하는 명쾌한 답을 구할 수 없었기 때문이었다.

취업을 준비하는 학생을 '취준생就準生'이라 부르듯이 은퇴를 준비하는 사람들을 '은준인隱準人'이라 부르려 한다. 취업을 준비하는 학생들이 취업을 위해 학점도 신경 쓰고 스펙도 쌓고 봉사활동도 하면서 열심히 준비하듯이 인생 2막을 살기 위해 은퇴를 준비하는 사람들의 입장에서 과연 그들의 퇴직 후의 삶이 퇴직 전의 삶과 자연스럽게 연결되고 은퇴 시기를 품격 있게 살아가기 위해 지금 무엇을 준비해야 하는지를 아는 것은 매우 중요하다.

그런데 나는 그 답을 구할 수가 없어 결국 스스로 그 해답을 찾아보기로 마음먹고 퇴직 후의 삶에 대해 하나하나 분석하기 시작했다. 전체를 다 아우르지는 못하겠지만 일반적인 틀을 샘플 케이스로 개발된다면 각자가 자기의 입장과 생활 방식에 맞춰 미리 뭔가를 준비할 수 있다면 은퇴가 혼돈스럽게 느껴지지는 않을 것이다.

이러한 목표를 갖고 은퇴 시기의 품격 있는 삶에 대한 프레임을 하나하나 짜고 그 세부 내용을 하나씩 찾아내어 구체적으로 도전하기 시작했다.

정말 흥미로운 도전의 시간이었다. 지금까지의 피동적인 도전이 아니라 내가 하고 싶은 것에 대한 진정성 있는 도전은 정말 흥미로운 일인 것이다. 2년간 주어진 임금피크제 기간 동안 8개의 자격증과 합격증은 나의 끊임없는 도전의 결과물이다. 이것을 근간으로 새로운 많은 액티비티activity를 창출해 나갈 수 있으니 이 또한 보람이었다.

나의 은퇴 시기 준비를 위한 4가지 영역인 혼즐삶, 함즐삶, 끝도삶, 봉즐삶 중 핵심은 바로 끝까지 도전하는 삶인 '끝도삶'이라고 자신 있게 말할 수 있다.

은준인隱準人이여!

우리의 인생 2막의 은퇴 시기를 품격 있게 만들기 위해서는 준비단계가 필요하다. 그 준비 단계의 핵심은 도전이다. 하고자 하는 일에 끝없이 도전하자.

[2]
새로운 어학, 중국어에 도전

은퇴 시기의 어학 배우기는 포기할 수 없는 최고의 도전이다

'끝도삶'은 끝까지 배우고 도전하는 삶으로 그에 대한 첫 번째 아이템을 선택하라고 한다면 난 주저함 없이 새로운 외국어 배우기라고 말하고 싶다.

외국어 배우기는 많은 한국인들에게 해결하지 못한 숙제 같은 것으로 남아 있다. 나름대로 오랜 시간 동안 많은 시간과 열정을 투자했음에도 불구하고 항상 만족하지 못하고 더 나은 언어 능력을 습득하기를 희망하여 왔다.

나의 경우에도 크게 예외는 아닌 것 같다. 캐나다에서의 프로젝트 참여와 필리핀 해외 장기 파견 근무의 경험과 MBA 학위 취득을 위해 핀란드에서 공부할 기회를 가졌음에도 많은 한국인이 그렇듯이 나 또한 어학에 대한 굶주림은 항상 컸던 것 같다.

이러한 상황에서 또 외국어 학습을 하라니 쉽지 받아들여지지 않겠지만 사실상 정년퇴직 후 외국어 배우기는 어학을 배운다는 점 말고도 몇 가지 의미 있는 장점이 있는 것 같다.

아침 일찍 일어나 책상에 앉아 매일매일 조금씩 어학을 공부하는 것은 생각보다 훨씬 흥미롭다.

과거 입학시험이나 취업시험 준비가 아니라 그냥 자기주도하에 즐겁게 외국어 학습을 하는 기쁨이 예상 외로 크다. 그리고 그것이 우리들의 가정생활에 주는 영향도 매우 클 것으로 보인다.

퇴직 후에도 매일 책상에 앉아 외국어를 공부하는 모습을 아내가 보고, 자식이 보고, 손자가 본다면 이 또한 얼마나 멋지겠는가?

누군가 정년퇴직 후 뭐 때문에 외국어를 또 공부하느냐는 질문할 때난 그냥 '좋아서'라고 대답한다.

요즘 동시통역 등 자동번역기가 많이 발전되어 있는데 뭐 하러 골치 아프게 외국어 공부를 하냐고 또 묻는다면, '좋아서'이다. 좋아서 하는 어학 공부는 그 자체가 좋은 것이다.

더 먼 훗날까지 계속 이러한 배움이 이어진다면 우리의 인생에 그보다 더 의미 있는 일도 별로 없을 것 같다.

'끝도삶'의 아이템에 외국어 한 가지 정도 배우기는 필수적 항목이라 생각된다.

그런데 나는 이왕 외국어를 배운다면 새로운 외국어 배우기를 시도해 볼 것을 권한다. 나의 경우에도 영어를 다시 더욱 체계적으로 습득할까 처음에는 고민하였으나 어차피 이제는 실용 면에서 이용 빈도가 과거보다 현저히 떨어질 것을 감안한다면 새로운 언어를 새로운 마음으로 시작하는 것도 좋을 듯했다.

그래서 나는 먼저 일본어를 떠올렸으나 일본어보다는 앞으로 활용도가 큰 중국어를 선택함이 좋을 듯했다. 지금까지 포켓용 중국어 회화 책으로 몇 마디 하는 것이 전부인 나로서 조금은 걱정되었지만 도전하기로 결심했다. 이왕 도전할 거라면 중간에 포기도 안 하고 도전의 증빙도 될 수 있도록 중국어 자격시험인 신HSK에 도전하기로 했다.

신HSK는 모두 6등급으로 되어 있는데 6급이 가장 높은 단계다.

우선 취득 가능선인 3급을 목표로 시작했다.

약 4개월을 하루 3시간 이상의 투자로 100점 만점으로 환산하여 90점이 뛰어넘는 좋은 점수로 합격했다. 처음 시험에 응시하러 들어가니 모두 감독관인 줄 알고 인사하던 젊은 친구들이 기억난다.

3급에 이어 4급에 도전, 역시 4~5개월간의 노력 끝에 합격하였고 지금은 5급 시험을 계속 학습하고 있다. 5급에 이어 6급까지 계속 도전할 계획이다.

나의 중국어 학습법은 내가 몇 년 전 약 1년간의 연구 끝에 개발한 '다섯 마리 토끼 한 번에 잡기' 즉 '파이브 래비쯔(Five Rabbits)'라는 언어 학습법을 기본 틀로 사용하고 있다.

'파이브 래비쯔Five Rabbits'는 한국 사람들이 힘들어하는 영어를 보다 쉽게 배우도록 1년 동안 연구해서 고안한 나만의 학습법으로 문장 하나를 가지고 듣고, 말하고, 쓰고, 거기에 문법과 어휘를 한 번에 학습하는 종합 학습법이다.

이 방법에 의해 하루 20개 문장을 지속적으로 학습한다면 1년에 무려 7,300개의 문장을 학습할 수 있다.

나는 이 학습법을 중국어 학습에 사용하고 있다.

'파이브 래비쯔Rabbits' 학습법은 다음 기회에 따로 언급될 수 있기를 바란다. 아무튼 이 학습법을 기본으로 하여 매일 학습하니 실력이 점차 느는 것을 느낀다.

누군가 그렇게 열심히 중국어 배워서 뭘 할 것이냐 또 물어본다면 언급하였듯이 그냥 좋아서 그 자체를 즐길 뿐이라고 또 말하고 싶다. 다만 소망이 있다면 중국 드라마를 좋아하는 나로서는 언젠가 '중드'를 자연스럽게 볼 수 있는 그날이 오기를 소망할 뿐이다.

은준인隱準人이여!

은퇴 시기의 새로운 어학 배우기는 배움 그 자체를 즐길 수 있는 포기할 수 없는 최고의 도전이다. 주저하지 말고 도전하자.

[3]
2년 만에 자격증과 합격증 8개를 획득하다

배우고 싶은 분야는 가급적 자격증 취득을 목표로 도전하자

'끝도삶'에 있어서 내가 가장 신경을 쓰는 도전기는 아마도 자격증 취득일 것이다. 자격증 취득을 유난히 강조하는 데는 나만의 이유가 있다.

나는 지난 임금피크제 기간 중 은퇴 준비 프로그램을 연구하는 과정에서 언급한 바와 같이 처음에는 은퇴 시기를 위해 뭘 구체적으로 준비해야 하는지 알 수 없었다. 많은 사람들이 추진하는 귀농이나 귀촌은 할 여건도 못 되거니와 크게 관심도 없었고 그렇다고 부동산중개업 공부나 해볼까 하다가 그것도 내 적성이 아닌 것 같아 접었다.

아무튼 조만간 은퇴는 다가 올 것이고 은퇴를 품격 있게 보내고 싶은데 뭘 해야 할지 몰라 노심초사하면서 하루하루를 보냈던 시간이 있었다.

왜 노심초사할까? 한참을 고민하고 연구한 끝에 은퇴 시기의 삶을 위해 뭘 준비해야 될지에 대한 그림이 없기 때문이라는 것을 깨닫게 되었다. 그리하여 바로 전체 그림을 구상하기 시작했다.

큰 달력 뒷면을 이용하여 위에서부터 은퇴 준비 4가지 영역인 1번 혼즐삶, 2번 함즐삶, 3번 끝배삶, 4번 봉즐삶을 적고 칸을 쳐서 그 부분에 해당되는 세부 준비 아이템을 적어 나가기 시작했다. 이러한 방식으로 며칠 동안 내가 하고 싶은 것과 해야 할 일들의 목록을 하나하나 구분 지어 작성해 나갔다.

처음에는 운동 분야 외에는 떠오르지 않았지만 하나하나 챙기다 보니 많은 아이템이 발견되었다.

어쨌든 이러한 검증 과정을 거쳐 1차적으로 확정된 아이템과 그 외에도 진행 중이거나 계획 중인 아이템들을 포함하여 추진하게 되었는데 이러한 진행 과정에서 나는 내가 추진하고자 하는 일들 중 상당 부분이 자격증과 연계되어 있다는 것을 발견했다.

나는 이왕이면 자격증을 취득하는 것이 여러 면에서 필요하다는 생각을 하게 되었거니와, 하나하나 계획을 세우고 매일매일 학습하고 학원도 가는 등 짧은 기간에 자격증 취득을 위해 최선의 노력을 다했다.

사람에게는 저마다 숨은 내공과 저력이 있기 마련이다. 이것을 발휘하기 위해서는 정확한 목표와 동기 유발이 있어야 된다고 생각된다. 그런 면에서 자격증 취득을 목표로 하는 것은 여러분의 저력을 끄집어 낼 수 있는 최고의 방법이다. 또한 이 방법은 어려움을 느끼거나 지루하게 느껴져 포기하고 싶을 때 쉽게 포기하지 않는 방법이기도 하다. 아무리 간단한 자격증이라도 2개월 이상 준비를 해야 하고 시험에 응시해야 하기 때문에 끝까지 도전하겠다는 의지가 무엇보다도 중요하다.

그 결과로 취득한 우선 나의 자격증은 나의 주 종목이라 할 수 있는 양식 조리기능사 국가기술 자격증(2018.2)과 제빵기능사 국가기술자격증(2018.8) 취득을 비롯하여 소방안전관리자(2017.9), POP 디자인 지도사 자격증(2017.10), 캘리그래피 지도사 자격증(2018.9), 아동요리지도사(2018.12), 중국어 신HSK 3급(2017.10), 중국어 신HSK 4급(2018.4) 등 다수의 자격증 취득과 어학 자격시험 합격에 도전했다. 이 하나하나를 취득하기 위해서 얼마나 많은 노력과 용기가 필요했는지에 대해서는 여러분의 상상에 맡긴다.

은준인隱準人이여!

짧은 시간에 숨겨진 여러분의 저력을 끄집어 낼 수 있는 최선의 방법은 자격증 취득에 대한 도전이다. 이것은 목표한 바를 쉽게 포기하지 않는 방법이기도 하다.

나이 60세에 내 블로그 만들기

SNS를 통한 무한한 소통의 공간, 우리에게도 필요하다

　정년퇴직 후 내 삶에 있어 친구 같은 존재라고 하면 단연 각자가 연주하는 악기라 할 수 있다. 그런데 친구보다 더 곁에 있는 동반자와 같은 존재가 있다면 무엇일까? 그것은 아마도 '블로그'일 것이다.

　사실상 나는 내 블로그를 나이 60세에 처음 만들기 시작했다. 퇴직을 6개월을 남기고 만들기 시작했기 때문에 오랜 운영 경험을 가지고 있다고 볼 수 없다. 하지만 나의 버킷리스트에도 포함되어 있듯이 사실상 나는 오래전부터 내 블로그를 만들어 보고 싶었다. 다른 종류의 SNS와는 근본적으로 성격이 다르며 선정된 테마에 대한 전체 내용을 스토리텔링 할 수 있다는 점에서 처음부터 매우 끌렸던 것 같다.

　하지만 여러 가지 이유로 인해 진행이 쉽지 않았고 차일피일 미루어 오다 퇴직을 앞두고는 더 이상 미루어서는 안 되겠다 싶어 내 블로그 만들기에 도전하게 되었다.

　나이 60세에 늦깎이 블로거blogger로서 내 블로그 만들기에 도전하는 것도 신나는 일이었지만 사실상 퇴직에 맞춰 블로그를 만드는 것은 그동안의 살아온 나의 역사를 퇴직 후 새로운 삶과 연결 지을 수 있는 연결고리로써의 역할을 할 수 있다는 점에서도 매우 의미 있다고 생각되었다.

사실상 나는 평소 밴드 운영에 매우 관심이 많다. 특정 지역에서 약 9,500명이 넘는 밴친을 보유하고 있는 대형 밴드를 만들어 5년째 운영하고 있을 뿐 아니라 개인적으로 여러 종류의 밴드를 관리하고 있다. 그리고 그동안 은퇴 준비를 위해 추진해 온 일들에 대한 많은 자료를 밴드를 이용해 관리해 오고 있었다.

그런데 내가 운영하는 밴드를 본 많은 사람들이 이것을 모두 블로그에 올려놓으면 아주 멋진 블로그가 탄생할 거라는 의견을 종종 주곤 하였는데 그런 의견을 수용하여 나만의 특화된 블로그를 만들게 되었다.

나는 처음에 블로그 명을 '인생 2막, 나는 이렇게 준비했다.'로 정하고 부제로 '정년퇴직 후의 행복한 삶 만들기 지침서'라 하였다.

당시 블로그 제작에 대해서 문외한인 나는 처음 시작하는 단계에서는 인터넷 강의와 동영상을 통해 하나하나 배워가고 있었는데 진행에 시간도 많이 소요되었고 다소 어려움을 느끼고 있었다. 그러던 중 블로그에 능숙한 회사의 젊은 직장 동료가 도움을 주어 블로그에 대한 기본적 사항을 쉽게 습득할 수 있게 되었다.

기본적인 제작 방법을 습득한 후 내 블로그 제작을 위해 구체적으로 접근해 나가기 시작했다.

내 블로그의 기본 콘셉트는 정년퇴직 후의 행복한 삶을 위해 무엇을 준비해야 하는지에 대한 내용이다. 즉 블로그의 주요 이웃은 은퇴를 앞둔 직장인이라면 누구나 대상이 되겠지만 특히 임금피크제에 진입한 직원들은 필히 읽어야 할 내용이라 생각된다. 왜냐하면 이 블로그를 만들기 전 나 또한 정년퇴직이 임박했고 주어진 임금피크제 기간 2년 동안 처음에는 나 또한 뭘 해야 할지 답을 구할 수 없었기 때문이다. 그 어디에서도 은퇴를 위해 뭘 준비해야 하는지에 대해 시원하고 체계적으로 설명한 곳은 없었기 때문이다.

퇴직을 앞둔 사람들이 최소한 어떤 마인드로 어떤 준비를 해야 하는지에 대한 가이드라인이 있었으면 좋겠다는 생각이 들어 퇴직 전 2년 동안 내가 혼자서 경험하고 정립한 내용을 이 블로그에 세목별로 카테고리를 정해 하나하나 풀어가고자 하였다. 이를 모으면 하나의 멋진 지침서가 탄생할 것을 기대하면서 꾸준히 작업하기 시작했다.

내 블로그의 내용은 기본적으로 7개의 카테고리로 구성된다.

프롤로그 '은퇴의 승패는 준비에 있다.'에 이은 제1장에서는 '준비 없는 은퇴는 성공할 수 없다'라는 내용의 은퇴 준비의 필요성을 역설했고 제2장에서는 은퇴 준비의 4가지 영역을 나누어 제1절부터 제4절까지 혼즐삶, 함즐삶, 끝도삶, 봉즐삶에 대한 준비 내용을 나의 경험을 실례를 들어 설명했다.

제3장에서는 이 책에서 가장 중요한 내용인 인생 2막의 '자기 핵심 브랜드' 만들기에 대해 설명했고 제4장은 '나이 60세에 만든 나의 실천형 버킷리스트'라는 타이틀로 약 20여 개의 나의 버킷리스트 내용을 설명했다.

마지막 제5장은 은퇴 시기에도 꼭 필요한 일정관리에 대해 기술하였

나이 60세에 만든 내 블로그 '은준인'

다. 이어서 품격 있는 은퇴 준비로 인생 2막을 리셋하자는 내용이 포함된 에필로그로 마감하였다.

책 쓰기를 염두에 두고 만든 블로그라 체계적으로 만들려고 정성을 많이 들였고, 내 블로그에는 재미나는 부분들이 특히 많다.

그중에서도 '죽을 때까지 아내에게 음식 500가지 해주기' 부분이나 양식조리사 국가기술자격증과 제과 제빵 품목에 대한 실전 설명 분야는 자격증 취득에 도전하는 분들을 포함한 많은 분들에게 흥미가 있을 것이라 생각된다.

앞으로의 새롭게 발생되는 내용을 차분히 정리하여 입력한다면 더욱 품격 있는 블로그로 발전되리라 본다. 이 자리를 빌려 초창기 나의 블로그 교육에 도움을 주신 직장 동료 정문경 대리님께 깊이 감사드린다.

은준인隱準人이여!

SNS를 통한 무한한 소통의 공간은 우리에게도 필요하다. 이제 여러분도 당당히 SNS상의 주인공이 되어보자.

【5】
나만의 책 쓰기와 작가 되기

소망이 무엇이든 시작했을 때만이 이루어진다

나의 '끝도삶'의 가장 중요한 아이템으로 탄생한 것이 바로 '책 쓰기'이다. 사실상 책 쓰기를 처음부터 의도한 것은 아니었다.

내가 창안하여 설명하고 있는 '은퇴 준비의 4가지 영역'의 아이템들을 하나하나 추진하는 과정에서 이러한 추진 내용을 정리하여 한눈에 쉽게 볼 수 있는 도구가 필요하겠구나 하는 생각에서 평소 꼭 사용하고 싶었던 블로그를 사용하게 되었다는 것은 이미 설명하였다.

이렇게 막상 블로그를 진행하고 있는데 블로그의 특성을 보니 세부 카테고리category를 잘 설정하여 연결하면 전체 흐름을 한눈에 파악할 수 있도록 쉽게 편집할 수 있다는 것을 알게 되었다. 즉 카테고리category를 정하고 내용을 구성하고 이를 잘 편집하면 충분히 한 권의 책으로 탄생될 수 있을 거라는 믿음이 생기기 시작했다.

처음에는 블로그 따로, 책 따로 진행할 계획이었으나 블로그 작업을 하면 할수록 책 편집에 유리한 점이 발견되어 중반 이후의 블로그 작업은 책 쓰기에 목표를 두고 진행하였다.

블로그 작업이 거의 완성되어 공개할 수 있었는데도 책이 완성될 때까지 비공개로 가져간 이유는 바로 여기에 있음을 밝힌다.

어쨌든 블로그를 통한 책 쓰기는 정말로 편리한 기능임에는 틀림이 없으니 책 쓰기에 관심 있는 분들은 도전해 볼 것을 적극 권한다. 블로그를 이용한 책 쓰기에 관심 있는 분들에게는 사정이 허락하는 한 최선을 다해 도와드릴 것을 약속드린다. 향후 블로그를 이용해 가장 쉽게 한 권의 책 쓰기를 할 수 있는 비법에 대한 소개를 별도로 할 기회를 갖고 싶다.

책 쓰기의 가장 빠른 방법은 블로그를 이용하는 방법이라는 것을 나는 이제 내 경험을 통해 확신한다. 누구든 몇 시간이면 블로그를 이용한 책 쓰기 비법을 전수 받을 수 있다.

내가 만일 처음부터 이 비법을 알았다면 나의 책 쓰기는 지금보다 훨씬 쉽게 완성할 수 있었으리라 생각된다. 지금이라도 스스로 터득하게 된 것을 나는 큰 행운으로 생각한다. 왜냐하면 이제 나는 좋은 콘텐츠만 있으면 얼마든지 쉽게 책을 만들 수 있기 때문이다. 이렇게 블로그를 통한 책 쓰기 작업을 진행하면서 이것이야말로 정말 내가 소망하던 일이구나 하는 생각이 들었다. 정말 가슴 설레며 벅차서 며칠 밤잠을 설쳤다.

사실 과거 한때 내가 거주하는 지역 내에서 시와 수필을 좋아하는 사람들이 모인 순수 문학 동아리에 참여하여 잠시 글쓰기에 관심을 가져 본 적이 있었다. 그리고 전국 규모의 스토리텔링 공모전에서 큰 상을 획득한 경험도 있었지만 퇴직 후 내가 책 쓰기에 도전한다는 것은 정말 상상하지도 못한 일이었다.

한 권의 책이 탄생하기 위해서 얼마나 많은 노력이 필요하다는 것을 누구보다도 잘 알기 때문에 더욱 어렵게만 생각되었던 부분이었다. 이러한 도전으로 나의 인생 2막에 대한 새로운 신선함이 몹시도 강하게 나에게 다가왔다.

이제 퇴직 전에 시작한 이러한 출발이 퇴직 후에도 자연스럽게 이어지니 이것은 나의 제2의 새로운 삶의 출발점이 된 것이 분명하다.

나의 첫 번째 도전하는 작품은 퇴직자들을 위한 품격 있는 은퇴생활을 하기 위한 은퇴 준비와 관련된 내용의 책이지만 이러한 데뷔가 순조롭게 이루어진다면 나는 새로운 장르의 책 쓰기에 도전하고 싶다.

사실상 나의 책 쓰기에 대한 소망은 나의 버킷리스트에도 포함되어 있듯이 너무나 소중하다. 어쩌면 이 과제는 퇴직 후 계획된 나의 도전 아이템 중 가장 어렵고 힘든 일이 될 수도 있다. 버킷리스트에 넣느냐 마느냐를 가지고도 많은 고민을 했다. 그렇게 망설이고 고민하는 과정에서도 나의 블로그 작업을 꾸준히 지속되어 왔다.

임금피크제 2년 중 하반기 마지막 6개월을 남기고 시작한 책 쓰기는 퇴직자들에게 은퇴 준비에 대한 보다 체계적인 틀을 제공할 수 있다는 나의 자부심과 아울러 그것이 나의 평생 직업으로 연결될 수 있다는 생각에 새로운 자신감으로 발전하게 되었다.

이렇게 결심을 한 후부터는 여러 작업을 동시에 추진하게 되었다.

블로그 작성과 책 쓰기 그리고 강연 준비의 3파트 작업을 동시에 추진하였다. 블로그 작성 내용을 책 쓰기 원고에 옮겨 책 쓰기로 진행시키고, 강연은 별도의 PPT 자료를 준비하여 틈틈이 강연 원고 작성과 연습을 병행하였다.

퇴직 후 나의 은퇴생활은 이미 특별히 바쁘고 의미 있게 지내는 시간의 연속이었다. 은퇴 준비 4가지 영역에서의 준비 과정을 통해 정립된 나의 즐길 거리와 책 쓰기, 외부 특강까지 자연스럽게 연결될 수 있다면 이 얼마나 신나는 일이겠는가?

사실상 나는 나의 첫 책 쓰기 작품의 완성을 위해 온 정성을 다해 매진했다. 은퇴를 준비하는 많은 사람들에게 정말 필요한 책이 되기를 바라며 열정적으로 작업에 매달렸다. 수없이 지우고 쓰기를 반복했다.

추상적이고 관념적인 부분은 무조건 배제하려고 노력했다. 오직 내가 은퇴를 준비하는 당사자로서 고민하고 해결책을 찾으려고 노력한 부분들을 실제 경험을 통해 얻은 부분들을 중심으로 쉽게 정리하도록 노력했다.

아마도 이 한 권의 책을 읽는다면 은퇴를 준비하는 모든 은준인隱準人들이 퇴직 후의 인생 2막의 삶을 자기 주도하의 품격 있는 삶으로 바꿀 수 있을 것이라 확신한다.

이제 이 책은 퇴직 예정자를 남편으로 둔 아내가 먼저 구입하여 남편에게 줄 것이며 자녀들이 퇴직이 얼마 남지 않은 아버지에게 드리는 최고의 선물이 될 것이다. 왜냐하면 그 퇴직 예정자가 퇴직 후 행복해지기를 가장 바라는 사람은 바로 가족이기 때문이다. 나의 퇴직 후 은퇴 시기의 삶이 내가 꿈꾸는 새로운 도전으로 가슴 벅차듯이 그들도 그렇게 될 수 있고 되어야 하기 때문이다.

은준인隱準人이여!

여러분이 하고 싶었던 소망은 무엇인가? 시작도 해보지 않고 끝낸다면 그건 너무 싱거운 일이 아니겠는가? 소망은 시작했을 때만이 이루어지는 것이다.

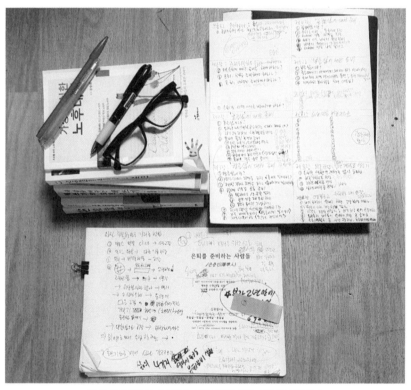

책 쓰기에 대한 나의 도전은 인생 2막을 위한 가장 큰 선물이다.

'ART 코치(국내 1호)' 은퇴 전문 강연가 되기

각자가 하고 싶은 영역을 꾸준히 개척하자

나의 끝까지 도전하는 삶의 중요한 아이템 중 하나는 은퇴 전문 강연가가 되는 것으로, 은퇴를 준비하는 사람들을 대상으로 그동안 연구해 온 '품격 있는 은퇴생활을 위한 우리의 준비'나 '은퇴준비 빠르면 빠를수록 좋다'라는 내용으로 강연을 계획하고 있다.

물론 이러한 목표를 사실상 처음부터 가졌던 것은 아니다. 특강을 하겠다는 꿈은 가지고 있었지만 이렇게 구체화되어 설계를 해보지는 못했다. 만약 기회가 주어졌다면 아마도 내 전공 분야라 할 수 있는 원자력 홍보나 지역 내 갈등관리와 관련된 내용을 가지고 단발성 특강 정도로 진행되었을 거라 생각된다.

하지만 나는 은퇴 시기의 행복한 삶을 추구하기 위한 준비 단계에 대한 내용들을 연구하는 과정에서 이에 대한 블로그를 만들고 이를 바탕으로 책을 씀으로 인해 이에 대한 내용을 은퇴를 준비하는 사람에게 전달할 가치가 있다고 판단되어 은퇴 관련 전문 강연가가 되기로 마음먹었다. 구체적인 실행 방안으로 책을 집필한 후 바로 이를 토대로 강연 준비를 하게 된 것이다.

퇴직 후 나의 타이틀은 'ART 코치 국내 1호'이다. 국내 최초 은퇴 준비 실전형 전문가가 되는 것으로, 은퇴를 준비하는 사람들을 위한 행복한 은퇴생활의 가이드라인을 제시하는 코칭 전문가의 역할을 다할 것이다.

언급하였듯이 'ART'는 'After retirement'에서 따온 말로 '퇴직 후'를 의미한다.

즉 퇴직 후의 품격 있는 삶에 대한 코칭 전문가가 바로 'ART 코치'인 것이다.

퇴직을 앞둔 모든 퇴직 예정자들은 퇴직 후 모두 행복한 은퇴 시기를 보내기를 원할 것이다. 그리고 퇴직 전에 이를 위해 뭔가를 준비하고 싶을 것이다. 물론 나름대로 취미나 관심 있는 부분들에 대해 부분적으로는 각자 준비를 하고 있다. 하지만 뭔가 체계화된 틀 속에서의 갖추어야 할 준비는 부족하지 않은가 하는 생각이 든다.

내 경우만을 보더라도 주어진 임금피크제 기간 동안 과거 현직 때보다는 개인적으로 활용할 시간이 많을 수밖에 없었다. 만일 이 시간을 단지 아내와 여행 몇 번 가고 지인들과 수시로 골프 치러 다니고, 시간나면 책 좀 읽고 또 가끔 산책이나 다니면서 2년이란 시간을 보냈다면 퇴직 후 나의 생활은 어떠할지 자못 궁금하다.

나는 프롤로그에서부터 강조하지만 퇴직 후 정말 나이스 은퇴 시기를 맞이하려면 준비단계가 필요하다는 것이다. 나는 이 '나이스'를 '품격'이란 단어로 표현하고 싶다. 퇴직 후 그때 가서 하면 되겠지 하고 생각할 수 있지만 퇴직 전에 기본적인 준비 단계를 거쳐 새로운 인생 2막을 보낼 새로운 프레임을 갖추는 것이 훨씬 유리하다는 것을 강조하는 것이다. 그래야만 품격 있는 은퇴생활이 갖춰지는 것이다.

그런데 그렇게 하고 있지 않는 사람들이 은퇴 예정자 중에는 너무도 많다는 것이다. 왜냐하면 어떻게 준비하는 것이 바람직한지에 대한 정보가 없기 때문이다. 있어도 단편적인 사항만 있고 종합적인 가이드라인을 제시하는 곳이 없었기 때문이다.

그래서 나는 이러한 내용으로 나만의 가이드라인 마련을 위해 지난 2년 동안 준비해 온 것이다. 즉 은퇴생활 준비를 위한 4가지 영역에 대해 자기에게 맞는 부분을 찾아 항목을 결정하고 준비할 부분은 미리 준비하고 나아가 인생 2막의 '자기 핵심 브랜드self-core brand'를 만들어 간다면 다가 올 은퇴 시기가 무엇이 두렵단 말인가? 정말 품격 있는 은퇴생활을 할 수 있다고 나는 자부할 수 있다.

나보다 먼저 퇴직한 동기들 중에 아직도 집에서 뭘 할지 고민하고 있는 친구도 있다. 가끔 한 번씩 도서관에 가고, 지자체에서 하는 어학 프로그램에 참여하면서 무료하게 보내는 사람들을 보았다.

방향성을 잃어버리고 이리저리 헤매는 길 잃은 고양이 같다는 생각이 들어 한편으로는 미안한 생각이 들었다.

만일 이러한 흔들리는 '은준인'들이 자기의 은퇴 시기를 위해 뭔가를 구체적으로 준비하고 체계화해 놓으면 퇴직 전의 생활과 퇴직 후의 생활이 나름대로 잘 연결되어 갈 수 있다고 보는 것이다.

많은 퇴직자들이 자존감이 무너진다는 표현을 많이 쓰고 있는데 나는 그 이유가 은퇴 시기에 대한 준비가 부족했기 때문이라 생각된다. 이러한 준비를 갖춘 나는 현직에 있을 때 못지않게 바쁜 하루하루의 의미 있는 생활을 보내고 있다.

그렇다고 완벽한 준비를 다하라는 것이 아니다. 완벽한 준비는 있을 수도 없고 할 수도 없다. 따라서 이러한 부분들은 모두 다 할 수 있는 준비와 기획을 필요로 한다는 것이다.

내 경우는 이러한 부분들을 준비 과정을 통해 체계화시켜 나의 틀을 만들었던 것이다. 이러한 준비 과정을 아는, 많은 지인들이 자문을 구해와 설명하였더니 정말 즐거워하며 내가 제시한 방식대로 준비를 잘 해 가는 것을 보고 나 또한 기뻤다.

퇴직관련 전문 강연가로서의 강연 준비

이러한 내용들이 은준인隱準人 모두에게 미리 잘 전달된다면 그들 또한 멋진 은퇴 시기를 맞이할 수 있을 것이다. 여러 곳에서 강연 요청이 있었지만 책이 우선 잘 완성되는 것이 우선이다 생각되어 잠시 미루고 책이 완성되어 출판된 후에 수용하기로 작정하고 착실히 준비하고 있다.

따라서 책 쓰기의 중요성이 더욱 느껴지고 책 제목을 결정하기 위해 수십 개를 놓고 고민하다 최종적으로 '은준인隱準人, 은퇴를 준비하는 사람들'로 잠정적으로 정하게 되었는데 최종적으로는 출판사와 협의 후 확정지을 예정이다. 또한 특강 자료는 사전에 만들어 국내 최초의 'ART 코치 국내 1호'로서 강연을 진행코자 하는 것이다.

이것이 나의 새로운 직업이 될 줄은 정말 몰랐다. 행복한 은퇴 시기의 삶에 대해 품격 있는 방정식을 전파하는 훌륭한 조언자가 되기를 바란다.

은준인隱準人이여!

각자가 하고 싶고 꿈꾸는 영역을 꾸준히 개척해 나가자. 그곳에는 또 다른 멋진 세계가 우리를 기다리고 있다.

[7]
나만의 이모티콘 만들기와 입점에 도전하다

도전의 끝은 어디인지 스스로에게 물어 보자

끝까지 도전하는 삶의 끝은 어디일지 나 스스로에게 물어 본다.

도전하는 삶의 끝은 없다고 본다.

나는 이번 이 프로젝트를 진행하면서 우리가 지금까지 하지 못한 일들의 대부분은 시도조차 하지 않았기 때문이란 것을 알게 되었다.

시도하지 않고서는 그 일이 성공하는지 아니한지를 알 수가 없을 것이다.

나이 60세에 '자기만의 이모티콘'을 개발한다는 것은 일반적 상식으로 이해할 수도 없고 불가능하게 느껴지리라 생각될 것이다. 하지만 나는 다른 사람들이 보내 온 이모티콘을 볼 때마다 언젠가 나도 나의 이모티콘을 한번 개발해 봐야겠다고 생각해 왔고 이제 그 계획을 실행에 옮기고자 하는 것이다.

국내 이모티콘 시장은 최소 1,000억 규모로 하루 1,000만 명의 카카오톡 이용자가 텍스트를 대신해 이모티콘으로 대화를 주고받고 있다고 한다. 국민의 절반 이상이 이모티콘을 사용하고 있다고 하니 그 위력은 상상을 초월한다.

과거에는 인기 작가와 업체만이 이모티콘 시장에 입점할 수 있었다. 그러나 이제는 누구나 다 입점이 가능하다. 즉 남녀노소의 구분 없이 누구나 다 이모티콘 작가로 등단할 수 있는 것이다. 이모티콘 시장은 인지도 있는 캐릭터 이모티콘 보다 쓰고 싶고 매력적인 이모티콘 상품에 더 긍정적인 반응이 있기 때문에 기존에 알려지지 않은 캐릭터라도 충분히 첫 창작 캐릭터로 제안하는 것이 가능하다고 본다.

이모티콘 시장에 진출하기 위한 이모티콘 입점이 가능한 다양한 플랫폼이 생겨나고 있다. 대표 플랫폼은 국내 최대의 이모티콘 플랫폼인 '카카오 이모티콘 스튜디오'를 비롯해 글로벌 모바일 메신저인 '라인 크리에이터샵', 네이버 카페와 블로그에서 사용할 수 있는 '네이버 OGQ 마켓', '네이버 밴드 이모티콘 스토어' 등 많은 플랫폼이 있다.

플랫폼마다 승인 여부나 만들어야 하는 이모티콘 개수나 제작 조건이 다르기 때문에 이모티콘을 구상하기 전 어떤 플랫폼으로 입점할지를 미리 정하는 것이 좋다.

예를 들면 카카오톡의 경우 수익은 높지만 경쟁이 치열해 사전 승인을 받아야 하기 때문에 출시까지는 시간이 많이 소요된다. 반면 라인이나 OGQ의 경우 계정만 가지고 있으면 누구나 등록이 가능해 접근이 쉽지만 유료 이모티콘을 결재해서 사용하는 사람이 많지 않아 카카오 이모티콘에 비해 수익이 적다.

네이버 밴드의 경우에도 심사를 통해 통과가 되면 상품화 과정을 거쳐 판매할 수 있도록 되어 있다.

그럼 이모티콘은 어떻게 만들어지는지가 궁금하다.

이모티콘을 만들기 위해서는 먼저 이모티콘 캐릭터를 만들어야 한다. 이모티콘 캐릭터는 인간형 캐릭터, 동물형 캐릭터, 식물형 캐릭터, 사물형 캐릭터로 구분될 수 있다. 캐릭터가 만들어지면 이를 가지고 이모티콘으로 바꾸는 작업을 하게 된다. 그리고 우선 전체를 아우르는 제목을 정하는 것이 좋다. 그런 다음 통상 심사를 받기 위해서는 24개의 이모티콘을 만들어야 되는데 캐릭터를 중심에 두고 나올 수 있는 다양한 표현을 나열하고 캐릭터의 하루를 상상하며 이모티콘을 구성하다 보면 일상에서 유용하게 살 수 있는 이모티콘을 만들어 낼 수 있는 것이다.

이렇게 캐릭터와 이모티콘이 완성되면 이제 본격적인 컴퓨터 작업에 들어가야 하는데 그 툴tool은 포토샵을 활용한다.

이러한 일련의 작업이 결코 쉬울 수는 없다.

최종 이모티콘이 완성되어 카카오 이모티콘 스토어에 입점을 제안하거나 네이버 밴드 스티커 샵에 제안하게 되는데 거기까지만 갈 수 있다면 결과에 상관없이 스스로 도전에 성공했다고 자평하고 싶다.

나는 일찍이 내가 제작할 이모티콘의 캐릭터에 대한 기본 구상을 가지고 있었다. 내가 카카오 이모티콘 스토어나 네이버 밴드 스티커 샵에 갈 때마다 뭔가 비워진 공간이 있다는 것을 알게 되었다. 수많은 작품들이 입점을 하기 위해 심사를 위해 대기 중에 있지만 뭔가 비워진 공간을 공략한다면 충분히 성공할 가능성이 있다고 나름대로 판단하였다.

망설일 필요는 없었다. 시작해야 결과를 얻을 수 있다. 내 작품을 카카오 이모티콘 스튜디오에 제안하기까지 약 6개월의 시간이 걸렸다. 우선 이모티콘 입점 관련 서적을 공부하고 동영상 학습도 병행하였다. 캐릭터 개발을 위해 수없이 그리고 또 그렸다. 나는 현재 이모티콘 세계에 없는 50-60대를 대표하는 평범한 아저씨형 모델을 캐릭터로 개발하기로 작정했다. 나는 우리들의 이모티콘을 개발하고 싶었던 것이다. 검은 뿔테 안경과 화살표 모양의 눈 모양으로 중년 남성 캐릭터에 노숙함과 익살스러움을 담았다.

이렇게 개발된 캐릭터로 32개의 움직이지 않는 동작과 멘트를 개발해야 했다. 드로잉 실력의 부족으로 머릿속의 캐릭터의 형상이 그림으로 잘 표현되지 않아 애를 먹었다.

이렇게 완성된 초안으로 포토샵을 이용하여 한 작품 한 작품을 포토샵 레이어에 올려 작업을 하여 완성된 작품을 다시 PNG 파일로 전환시켜 최종 완성본을 카카오톡 이모티콘 스튜디오에 24개를 골라 심사용으로 제안하게 되었다.

이모티콘 제목을 '자녀가 선물한 아버티콘, 고봉선생'으로 정했다. 정말 힘든 과정을 거쳐 완성되었다. 포토샵을 잘 몰라 중간에 포기하려 한 적이 있었는데 결국 책을 구입해서 1주일간 포토샵 공부까지 했다.

좋은 결과가 있으면 좋겠지만 실패하더라도 문제가 되지 않는다. 거기까지 간 것만 하더라도 대단한 것으로 자평한다. 중요한 것은 나의 이모티콘 작업은 꾸준히 계속 이어진다는 사실이다.

언제가 나의 이모티콘이 입점이 되어 세상 밖으로 나온다면 이모티콘 제작 및 상품 개발하기에 대한 나의 별도의 책을 통해 은준인 여러 분에게 알려드리고 싶다.

그런데 이제 좀 천천히 가기로 했다. 이젠 나에게 빠른 걸음보다는 즐기며 천천히 그리고 힘 있게 걷는 한 걸음 한 걸음이 필요한 시기인 것 같다.

은준인隱準人이여!

진정한 도전은 어렵거나 불가능할 것 같은 일에 도전하는 것이다. 쉽게 할 수 있는 일을 하는 것은 doing이지 challenging이 아니기 때문 이다.

▶

| 제4절 | 은퇴 준비 제4영역
'봉즐삶'에 대한 준비

[1]
'봉즐삶' — 봉사를 즐기면서 사는 삶

본인에게 적합한 봉사활동을 선정하여 지속적으로 추진하자

'봉즐삶'이란 '봉사를 즐기면서 사는 삶'을 말하며 정년퇴직이 도래하기 전에 이에 대한 부분도 미리 기본적인 준비하는 것이 바람직하다는 의미이다.

봉사를 하는데 무슨 준비가 필요하냐고 반문할 수도 있겠지만 퇴직후 봉사활동을 본인이 원한다고 아무 장소, 아무 때나 가서 할 수 있는 일이 아닌 것이다.

퇴직 후 봉사활동은 우선 자기의 성향에 맞는 봉사활동을 찾아 선정하는 것이 좋다. 가족이 함께 참여하는 봉사라면 더욱 의미가 있을 것이다. 특히 자기의 재능을 가지고 할 수 있는 재능 봉사라면 더욱 바람직하다 하겠다.

사실상 나는 현직 시절 때 회사 내에서 봉사단 창단부터 사업개발에 이르기까지 봉사와 관련된 많은 분야에서 봉사 업무를 관여해 왔다. 특히 일상적인 봉사의 범위를 뛰어넘어 지역에 직접 사회 공헌 활동을 지휘해 옴으로써 내가 근무했던 지자체의 봉사 단체와는 항상 긴밀한 관계를 형성해 왔다.

이런 배경하에서 봉사란 우리의 일상생활에서 떨어뜨려 생각할 수 없는 소중한 부분이라는 것을 잘 알고 있다. 퇴직 후의 우리들의 삶에도 봉사하는 삶의 모습이 포함되어야 함은 너무도 당연해 보인다.

따라서 은퇴를 준비하는 사람들은 각자의 특성에 맞는 봉사활동 방법에 대해 나름대로 고민하여야 하며 퇴직 전까지는 그 방향을 잡아 두는 것이 바람직하다.

퇴직 후에 알아보고 결정하려고 한다면 그것은 타이밍이 맞지 않아 뜻은 있어도 실행에 옮겨지지 않는 경우도 발생된다.

최근 각 회사의 퇴직자 모임에서는 퇴직자를 대상으로 봉사 인원을 모집하는 경우가 있는데 이 경우 여기에 가입하여 활동할 수도 있고 지자체 내에 자원봉사센터와 같은 곳에 문의해도 자세히 안내해 준다. 그리고 각 회사에서 연계되어 정기적으로 봉사활동을 하는 곳이 있다면 미리 조율해 보는 것도 한 방법이 되겠다. 또한 지자체 내에 많은 봉사 단체가 있는데 직접 상담해서 결정할 수도 있다.

결론적으로 봉사 내용과 방법, 봉사기관, 봉사 주기 등은 이런 검토 단계를 거쳐 최종 본인의 결정에 의해 이루어지는 것이 좋을 듯하다.

여기서 중요한 것은 은퇴를 준비하는 우리들의 입장에서는 봉사 방법도 다소 달라져야 된다고 생각된다.

우선 내가 강조하고 싶은 말은 퇴직자들의 1차적 봉사 대상이 우선 가정이 되어져야 하며 여기서부터 제대로 실천되어야 한다는 것이다. 가정의 조그마한 일이라도 찾아서 분담하거나 가족들을 위해 봉사할 내용을 찾으면 된다.

평생 설거지를 몸소 실천하신 장인어른의 가정에 대한 모범적 봉사는 나에게 큰 인상을 남겼다.

평소 거실 청소를 전담한다든지 퇴직 후 아침 준비를 책임져 준다든지 뭐든지 가능하다고 본다. 그리고 이런 내용들을 가족들에게 선언하고 알려줌으로써 꾸준히 지속할 수 있도록 해야 한다.

그 다음에는 지역사회에 대한 봉사에 직접 참여하는 것이다.

지속적으로 실천 가능한 봉사활동을 선정하는 것이 중요하다.

계획을 너무 거창하게 잡아서는 안 된다. 또한 너무 많은 시간을 지역사회의 봉사활동에 투입되어서도 곤란하다고 본다. 자기의 역량과 상황을 고려하여 결정함이 바람직할 것이다. 또한 중요한 것은 봉사활동이라 해서 반드시 육체적인 봉사활동만이 봉사가 아니라는 것이다. 지역사회에 공헌할 수 있는 부분이 있다면 그 범위는 상상 외로 많다고 생각된다. 그러한 부분에서도 자기의 능력과 관심 분야를 잘 접목시켜 활동을 한다면 그것도 매우 멋진 봉사활동이 될 것이다.

나는 가정에 대한 봉사 항목으로는 '죽을 때까지 아내에게 500가지 음식 만들어 주기'라는 타이틀로 아내와 가족에게 음식과 제빵을 만들어 주는 프로젝트를 선정했다.

또한 지역사회에 대한 봉사활동의 내용으로는 내가 살고 있는 지자체에 소재한 음식점을 소개하는 먹거리 밴드를 만들어 5년째 밴드 운영자로서 역할을 하고 있다. 운영상 여러 가지 어려움도 많았지만 지금은 국내 최고의 지역 먹거리 우수 대형 밴드가 되었다.

이 먹거리 밴드를 통해 경주지역 내 지역민은 물론이고 경주를 찾는 많은 관광객들에게 먹거리 관련 정보를 제공토록 하고 있다.

밴드명은 '경오묵'으로 '경주에서 오늘 뭐 묵노!'라는 경상도식 발음에서 이름을 따와 지었다. 이 또한 지역사회에 매우 의미 있는 봉사활동이 아닌가 생각된다.

이어서 지역사회에 나가서 직접 할 수 있는 정기적인 봉사활동을 무엇을 할까 고민을 하다 우선 과거 현직 시절 봉사활동에 참여한 경험이 있는 경주 시내의 무료급식소 '이웃집'을 선택했다. 이 곳은 경주지역의 불우이웃에게 점심을 제공하고 있는 무료급식소이다.

퇴직 후 매주 1회 토요일 정기적 참여를 추진하고 있다. 이 외에도 경주지역의 야학에서 외국어 학습지도나 그 밖에 그동안 배워 온 다양한 나의 재능을 원하는 곳에 재능기부의 기회를 갖도록 점차 노력해 나갈 예정이다.

은준인隱準人이여!

퇴직 후 자기에게 적합한 봉사 방법을 선정하여 지속적으로 추진하자. 우리들의 은퇴 시기의 삶을 품격 있게 만들어 줄 것이다.

[2]
가족에 대한 봉사
— 아내에게 죽을 때까지 500가지 음식 만들어 주기

퇴직 후 봉사의 출발점은 가족이다

'봉즐삶'은 '봉사를 즐기면서 사는 삶'이라 하였다.

그럼 퇴직 후 봉사는 누구에게 어떻게 시작되어야 하는가?

나는 주저 없이 아내라고 말하고 싶다. 언급하였듯이 현직에 있으면서 나는 오랜 시간 대외업무를 총괄해야 하는 입장에 있었던 관계로 자연스럽게 봉사에 관심을 가질 수밖에 없었다.

기업 내에서의 사회 공헌 활동의 중요성을 누구보다도 잘 알고 있었기 때문에 많은 사회 공헌 프로그램도 개발하고 또 직접 봉사활동에 참여하여 많은 실적을 내기도 하였다.

이제는 은퇴 시기를 맞이하여 인생 2막을 시작하는 나로서는 나의 '봉즐삶'의 첫 번째 대상으로 아내를 선택함에 주저하지 않겠다. 그동안 회사 생활을 한다는 핑계로 아내에게 소홀하게 한 점이 많은데 인생 2막을 시작하는 지금부터라도 아내에게 봉사하는 삶을 살고자 하여 아내를 위한 아이템을 개발하게 되었다.

처음에는 아내에게 어떤 종류의 봉사를 할까 고민하였지만 딱히 떠오르는 것이 없었다.

주말에 외식을 하러 가거나 드라이브, 영화 구경, 전시회나 음악회 관람 등이 떠올라지만 특별히 봉사라는 관점에서 보기에는 부족함이 있어 보여 정말 매력적인 아이템을 찾으려 했다.

그러던 중 아내에게 가끔 음식을 만들어 줄 때마다 아내가 행복해하는 것이 떠올라 바로 이거구나 하는 생각이 들었다. 그래서 이 항목을 나의 버킷리스트에도 넣고 보다 심층적으로 진행하기로 결심했다.

평소 가끔씩 주말에 음식을 만들어 준 적이 있지만 이렇게 본격적으로 시간을 내어 음식을 만들기 시작한 것은 나의 버킷리스트 1번 항목으로 넣고 난 후부터라 할 수 있다.

내가 죽을 때까지 500개의 음식을 만들어 아내와 가족에게 선사하기로 마음을 먹으니 과연 가능할까 고민도 되었다. 너무 과하지 않을까 계산까지 해보았다. 1주일에 몇 번 하면 한 달에 몇 개가 되고 그럼 1년에 몇 개까지 할 수 있겠다고 계산도 해 보았다. 정말로 꼭 지키고 싶은 일이기 때문이었다.

내가 나에게 한 가장 크고 긴 약속인지 모른다.

일반적인 버킷리스트 항목은 죽을 때까지 꼭 하고 싶은 단발성 항목의 특징을 가지고 있지만 나의 이 항목은 죽을 때까지 해야 완성되는 특별 버킷리스트라 할 수 있겠다.

500개라니? 약간은 무서웠다. 못 지키면 안 되는데. 많이 망설였지만 결심했다. 100세 시대를 살고 있는 우리라 하지 않았던가? 아직 시간은 충분하다 판단되어 500개 음식을 고수하게 되었다. 이렇게 시작된 '아내에게 죽을 때까지 500가지 음식 만들어 주기' 프로젝트를 일명 '킬리만자로 500프로젝트'라 칭하고 진행에 들어갔다.

처음에는 없는 실력이지만 주말마다 TV나 요리책 레시피를 참고해 열심히 만들어 감동도 많이 받았다. 음식이 우리에게 주는 행복이 얼마나 크며 또 가정의 기쁨을 어떻게 가져오는지 알게 되었다.

친척들 모임에도 단연 화제의 주인공이 되었고 가끔씩 짜고 맵고의 실수는 애교로 받아들여졌다.

하지만 시간이 진행됨에 따라 음식 만드는 것이 마음만 가지고 되는 것이 아니라는 것을 깨닫게 되었다. 그리하여 보다 확실한 기술 습득이 필요하다고 판단되어 고민 끝에 학원을 다니기로 결심했다.

우선 아내가 가장 좋아하는 양식을 주 종목으로 만들기 위해 가까운 요리학원을 찾았다. 이왕 시작하는 것 국가자격증을 취득해 보자는 마음을 먹고 책을 사서 필기시험은 별도로 준비하고 실기는 퇴근 후 요리학원으로 달려가 밤 10시가 넘도록 2개월간을 하루도 빠지지 않고 다녔다.

그곳에는 모두 요리를 전문적 직업으로 선택하려는 고등학생들이 대부분이었는데 젊은 친구들과 함께 배우는 것이 처음에는 쉽지 않았다.

그리고 경쟁의 상대가 고등학생이라니 흥미로웠다. 아무튼 미리 동영상으로 예습하고 배운 것을 정리하여 밴드와 블로그에 올리고 시간이 있을 때마다 집에서 실습하여 양식조리 기능사 국가기술자격증 시험에 도전하여 한 번에 합격하였다.

학원에서는 깜짝 놀라며 나이 60세에 양식 부문에서는 이렇게 짧은 기간에 한 번에 합격한 사람은 처음 본다고 하면서 축하해 주셨다.

그 후 음식에는 확실히 자신이 생겼고 아내와 아이들이 나의 요리를 기다리게 되었다. 가끔씩 손님이 오면 거의 음식 준비를 내가 해야 하는 경우도 생기게 되었다. 어쨌든 나에게도 기쁜 일이었다. 자기가 만든 음식을 다른 사람이 맛있게 먹어 준다는 것이 얼마나 행복한지 알게 되었다.

그러는 과정에 일요일 아침이 되면 아침 운동을 나가는 나를 보고 아내는 가끔 오는 길에 제과점에 들러 식빵이나 모닝빵을 사 오라고 주문을 하곤 했다.

나는 주말마다 진행되는 아내의 빵 셔틀(아이들이 그렇게 부름)이 귀찮아 제빵기능사 국가기술자격증도 취득하여 직접 집에서 빵을 만들어 줘야겠다고 생각하게 되었다. 이를 위해 제과제빵 학원에 등록하여 남은 휴가를 쪼개 매일 반차를 써가며 학원을 다녔다. 이런 준비로 최단 시간에 필기, 실기를 모두 한 번에 합격하여 제빵기능사 국가기술자격증을 취득하였다.

그 후 퇴직 후 활용하기 위해 준비된 나의 생활공간 'ART SPACE 19'의 일부를 홈 베이커리로 만들어 이제는 좀 더 향상된 솜씨로 '킬리만자로 500프로젝트'를 이어가고 있다.

500개의 음식을 다 만들려면 실제로 얼마나 걸릴지 나도 모른다. 5년이 걸릴지 10년이 걸릴지 아니면 그 이상의 시간이 걸릴지도 모른다.

아무튼 긴 시간이 요구되겠지만 내가 해주는 음식을 아내가 잘 먹을 수 있도록 항상 건강하기를 바라는 마음이 나의 이 '킬리만자로 500프로젝트'의 진정한 마음이다.

죽을 때까지 아내에게 음식 500가지 만들어 주기

시행 첫해인 2017년은 햄버거 스테이크를 시작으로 69개의 음식이 완료되었고 2018년은 추억의 단밭빵을 끝으로 136개 완성되었다.

2019년 현재 계속해서 아내에 대한 나의 음식 퍼레이드는 계속 진행형이다.

나의 이 프로젝트 명칭은 '홈 세프 김관열의 요리교실, 킬리만자로 500프로젝트'이다. 모든 나의 작품은 가족 밴드로 관리해오다 얼마 전 '60세에 처음 만든 내 블로그'에 모두 옮겼다.

음식마다 간단한 레시피와 스토리를 적었고 재미있는 제목을 붙여 짧은 즐거움을 줄 거라 기대한다.

은준인隱樽人이여!

퇴직 후에도 봉사를 즐기는 삶이야말로 큰 의미가 있다. 그 봉사의 출발은 반드시 '가족'으로부터 시작되어야 한다.

[3]
지역사회에 봉사
― 국내 최고의 지역 먹거리 밴드 '경오묵' 운영

지역사회의 봉사 방법은 다양하다. 자기의 능력을 발휘하자

나에게는 봉사를 즐기면서 사는 삶인 '봉즐삶'의 아이템 중 빠트릴수 없는 것이 하나 있다. 바로 '경오묵'이라는 이름을 가진 밴드를 운영하는 것이다.

'경오묵'은 '경주에서 오늘 뭐 묵노?'의 경상도식 발음의 줄임말로 경주의 먹거리 전문 밴드이다. 가입한 회원 스스로가 경주 소재 음식점을 소개하여 정보를 공유하는 일종의 대중 밴드이다.

이 밴드는 시민들의 건강한 외식 문화를 선도하고 경주의 먹거리 소개를 통해 경주의 지역 경제 활성화에 조금이나마 기여하고 나아가 경주의 관광문화 향상에 일조하는 것을 목적으로 하는 밴드이다.

이 밴드는 처음 우리 가족 네 명이 시작하였다. 가족들이 함께 외식을 다녀온 후 다녀온 이야기를 평소 기록하기를 좋아하는 나로서는 당시 처음 접해보는 밴드라는 공간에 모든 것을 저장하게 되었다.

아내와 아이들도 자기가 다녀온 곳을 소개하기도 했다. 이렇게 시작된 밴드가 자료가 쌓이다 보니 인척이나 주위의 친구들도 공유하자고 해서 한 명 두 명 초대해서 참여시키다 보니 점점 확대되어 나가게 되었다.

당시로는 일반 밴드의 경우 1천 명까지로 한정된 회원 수를 네이버 밴드 본사에 공문을 보내 밴드 목적의 공공성을 설명하여 특별히 3천 명으로 정원을 확대하게 된 스토리도 있다.

지금은 회원 수 제한이 없어 이 밴드는 현재 등록된 회원 수는 약 9천 명이 넘어 1만 명에 육박하는 단일 지역 내의 국내 최고의 먹거리 대형 밴드가 된 것이다. 지금까지 소개된 음식 수만 해도 수천 개가 넘고 한 건에 대한 평균 클릭 수 또한 1천 명이 넘는 경우가 빈번할 정도로 성장하게 되었다.

'경오묵' 밴드에 대해 조금 더 소개하자면 '경오묵' 밴드는 오직 경주 지역에 소재되어 있는 음식점 등을 대상으로 소개하는 밴드로 2013년 8월 시작되었으니 이제 그 역사가 5년이 넘었다.

어느 TV 종편에서 '오늘 뭐 먹지?'라는 프로그램을 2014년 9월에 시작되었으니 그보다 1년 전에 '경주에서 오늘 뭐 묵노?'라는 이름으로 밴드가 먼저 시작되었음을 살짝 밝혀 두고 싶다.

이 밴드의 목적은 일반회원이든 음식점을 직접 운영하는 회원이든 상관없이 이 밴드를 통해 회원 상호 간의 먹거리 정보의 공유를 통해 음식점을 쉽게 찾아 갈 수 있게 하고 한편 음식점을 운영하시는 분들에게는 무상으로 홍보를 할 수 있는 공간을 마련해 줌으로써 지역 경제 활성화에도 기여하기 위해 기획되었다.

특히 경주를 찾는 많은 외지인들이나 관광객들에게 경주 현지인들이 주로 가는 음식점 등을 자연스럽게 소개함으로써 관광객들이 쉽게 찾아갈 수 있게 하여 관광산업에도 기여하고자 하는 것이다.

이 밴드는 현재 경주 현지인은 물론이고 관광객들에게도 점차 그 효용도가 확대되어 가고 있는 추세다.

경주에 새로 개업하는 음식점, 카페 등이 개업할 경우 이 밴드에 소개 글을 올리는 것은 이제 당연한 일로 되어졌다. 무상으로 광고를 할 수 있는 최고의 홍보 방법으로 평가되어 경주 소재 많은 음식점들이 이 밴드에 대해 매우 감사해하고 있다고 한다.

이 밴드의 특징은 그 지역의 유명한 맛 집만을 소개하는 것이 아니다.

그 지역 토박이들이나 그 지역을 다녀간 어느 누구나 자기 나름대로의 의미를 갖고 다녀간 음식점을 편안하게 소개하는데 묘미가 있다. 어느 관광객의 말을 빌리면 경주를 방문하면 경주 본토 사람들이 자주 찾아가는 곳을 소개한 집이 최고라 생각되어 '경오묵' 밴드만 검색하면 식사 부분은 전혀 염려할 필요가 없어졌다고 한다.

하지만 여기까지 오기까지는 쉽게만 진행된 것은 아니다. 부정적 댓글로 인한 법정 소송에까지 가기도 하며 수없이 올라오는 상업적 광고나 퇴폐성 글을 일일이 대응하여 관리하는 일은 쉬운 일이 아니다.

특히 밴드 운영자 입장에서는 무엇보다도 공정성을 기해야 하기 때문에 주의해야 될 부분도 많다.

어떤 특정 음식점에 대한 글을 올리고 싶어도 올리지도 못한다.

아내는 그게 당신에게 무슨 혜택이 있느냐면서 그만두라고 만류한 적이 여러 번 있었지만 누구인가 이 일을 체계적으로 운영하여 여러 사람이 즐겁고 지역 경제에도 일조할 수 있다면 그것도 보람이 있지

친구 9,000여 명의 대형 먹거리 밴드/경오묵

않겠느냐는 마음으로 진행하고 있다.

사실상 경주지역의 특성상 누가 누구인지 신분이 금방 노출되지만 아직도 주위의 몇몇 회원들을 제외하고는 밴드 운영자가 누구인지 모른다. 일부러 숨으려고 하는 것은 아니지만 가급적 표출되기를 삼간다.

심지어 내가 자주 가는 단골 식당 사장님이 요즘 '경오묵' 덕분에 장사가 잘된다면서 운영자가 누군지 궁금하다는 얘기도 들었다.

지역사회에 봉사하는 방법도 여러 분야가 있지만 나는 이 또한 큰 봉사라 생각하며 누가 인정해 주는 거와는 상관없이 밴드 운영에 큰 만족을 느끼고 있다.

퇴직 후 밴드 운영에 관심 있는 분이 있다면 자기가 좋아하는 분야에 대한 지역 밴드를 만들어 운영해 보는 것을 적극 권한다. 밴드 개설과 관련 문의 주시면 성심성의껏 비법을 설명드릴 수 있다.

은퇴생활 중 또 다른 큰 즐거움을 줄 수 있으며 이 또한 지역에 봉사하는 한 가지 좋은 방법이 될 수 있음을 확신한다.

은준인隱準人이여!

여러분의 재능과 끼를 가지고 지역사회에 봉사하는 방법은 무궁무진하다. 여러분에게 맞는 아이템을 찾아서 시도하자.

[4]
사회봉사
— 무료급식소 '이웃집' 봉사활동 참여

지역의 봉사활동에 적극 참여하자

'봉즐삶'의 주요한 사항 중 하나는 지역사회에 봉사활동을 진행하는 것이다.

현직에 있을 때는 회사의 공헌 활동의 계획에 따라 주기적으로 봉사활동에 참여해 왔지만 퇴직 후에는 이러한 봉사를 계속 진행하기는 쉽지 않다. 하지만 나는 퇴직 후 이러한 활동 봉사에 꼭 참여하기를 권한다.

현역 시절에 봉사와 사회 공헌 활동 업무를 오랫동안 관여해 온 나로서는 지역사회에 여러 가지 봉사활동을 기획하였고 직접 참여한 경험이 많다.

봉사의 중요성과 의미는 누구보다도 잘 알기에 퇴직 후에도 꼭 지역사회에서 조그마한 봉사활동이라도 직접 참여하겠다는 결심을 하였다. 이러한 나의 활동이 얼마나 큰 의미가 있겠느냐는 생각이 들지만 퇴직 후의 삶이 보다 품격 있고 의미 있는 삶으로 느껴질 수 있기 위해서는 이러한 노력 봉사를 주기적으로 진행 할 것을 적극 권장한다.

이러한 봉사활동의 방법은 주위에서 얼마든지 찾을 수 있다.

지체장애자 시설이나 노인 요양센터, 아동센터, 무료급식소 등에서의 노력 봉사나 공연 연주, 미술지도 등의 재능 봉사, 지역에서 거행되는 각종 행사 등에 지원하여 활동하는 자원봉사 등 자기의 취향과 시간 등을 고려하여 결정하면 된다.

각 지역의 자원봉사센터에 문의하면 잘 안내를 받을 수 있을 것으로 본다. 가급적 단독으로 하는 것보다는 관심 있는 봉사단체에 가입하여 회원들과 함께 활동하는 것이 지속적으로 할 수 있는 좋은 방법이라 생각된다.

나의 경우는 지역사회에 나가서 직접 할 수 있는 정기적인 봉사활동을, 무엇을 할까 고민을 하다 우선 과거 현직 시절 봉사활동에 참여한 경험이 있는 경주 시내의 무료급식소 '이웃집'을 선택했다.

이 무료급식소는 경주지역 불우이웃에 점심을 제공하고 있는 무료급식소로 매일 2~3백 명 정도가 다녀가는 곳이다.

과거 회사 직원들과 봉사활동에 참여한 경험이 있어 더욱 애착이 가는 곳이다. 퇴직 후 매주 1회 토요일 이곳의 봉사활동에 참여하고 있다.

처음에는 다소 어색함도 있겠으나 꾸준히 하다 보니 하나의 삶으로 자리 잡히게 되었고 항상 나의 토요일 일정의 최우선이다.

나도 이제 퇴직을 하고 인생 2막을 살고 있지만 그곳에 가서 어르신들을 뵈면 내가 아직 얼마나 젊고 또 해야 할 일들이 얼마나 많은지를 느끼게 된다. 이렇게 봉사활동을 할 수 있다는 것 자체가 큰 행복이라는 삶의 소중함도 배운다.

이 외에도 경주지역의 야학에서 외국어 학습지도나 그 밖에 그동안 배워 온 다양한 나의 재능을 원하는 곳에 재능 기부할 기회를 갖도록 계속 노력해 나가고 있다.

은준인隱準人이여!
지역사회의 봉사활동에 적극 참여하자. 여러분이 여전히 얼마나 젊은지, 또 해야 할 일들이 얼마나 많은지 느낄 수 있을 것이다.

제3장

인생 2막, '자기 핵심 브랜드 (Self-core brand)' 만들기

할 수 있다고 생각하기 때문에 할 수 있는 것이다.
― 베르길리우스 ―

They can because they think they can.

〔1〕
'자기 핵심 브랜드self-core brand'의 의미

우리의 인생 2막에는 '자기 핵심 브랜드'가 필요하다

브랜드는 제품의 생산자 혹은 판매자가 제품이나 서비스를 경쟁자들의 것과 차별화하기 위해 사용하는 독특한 이름이나 상징물의 결합체다.

현대 들어 브랜드는 단지 다른 제품과 구별할 뿐만 아니라 제품의 성격과 특징을 쉽게 전달하고 품질에 대한 신뢰를 끌어올려 판매에 영향을 끼치는 사회, 문화적 중요성을 가지는 상징체계가 되었다.

현대적 의미에서 브랜드란 판매자가 자신의 상품이나 서비스를 다른 판매자들의 상품이나 서비스로부터 분명하게 구별 짓기 위한 이름이나 용어, 디자인, 상징 또는 기타 요소들을 말하고 있다.

제품이 공장에서 만들어지는 물건인데 반해 브랜드는 소비자에 의해 구매되는 어떤 것이라 할 수 있다.

제품은 경쟁회사가 복제할 수 있지만 브랜드는 유일무이하다고 할 수 있다.

제품은 쉽사리 시대에 뒤떨어질 수 있지만 성공적인 브랜드는 영원하다고 우리는 말한다. 언급한 바와 같이 결과적으로 브랜드란 일단의 판매자들이 상품이나 서비스를 식별시키고 경쟁자들의 것과 차별화하기 위해 사용하는 독특한 이름이나 상징물의 결합체라고 정의할 수 있다. (네이버 지식백과 참조)

이와 같이 제품이나 서비스에도 브랜드가 있듯이 우리의 인생에도 브랜드가 필요하다. 특히 자기를 타인과 구별하여 차별화시킬 수 있는 '자기 핵심 브랜드self-core brand'가 필요한 것이다.

지금까지 우리가 살아온 현역 시절에는 자기의 브랜드를 만들기에는 한계가 있을 수밖에 없다. 특히 조직사회에 억매인 직장생활을 하는 경우에는 더욱 그렇다. 조직의 목표가 우선시되기 때문에 개인의 개성이나 브랜드화가 오히려 방해가 된다고 생각하는 경우도 있다. 어쩌면 조직에서 추구하는 목표의 브랜드화를 위해서는 개인의 브랜드는 많은 경우에 오히려 장애 요인으로 취급되는 경우도 보았다.

그런데 퇴직 후의 생활은 다르다.

퇴직 후 각자의 특성에 맞는 은퇴 준비를 진행해 가는 과정에서 각자가 추구하고 싶은 것 또는 추구해야 할 부분에 대해 남의 간섭과 참견 없이 순수한 '자기 핵심 브랜드self-core brand'를 찾을 수 있다.

그런데 이것은 꼭 다른 사람들과 크게 구별되어야 하고 차별화되어야 하는 것은 아니다.

인생 후반전을 자기의 특성에 맞는 어떤 부분에 중점을 두고 계속해서 관심을 집중시켜 나갈 부분이면 충분하다고 본다.

여기서 꼭 유념해야 될 가장 중요한 부분이 바로 '자기의 특성에 맞는'이란 부분이다. 자기의 특성에 맞지 않는 경우 이러한 브랜드는 지속성이 없어지고 결코 '자기핵심 브랜드'가 되지 못하게 된다.

따라서 좋은 '자기 핵심 브랜드'를 만들기 위해 자기 특성을 잘 파악해야 하고 이것은 결국 자기 자신의 몫이다.

이렇게 '자기 핵심 브랜드'를 창출할 수 있다면 이것이 바로 자기 자신의 미래의 아름다운 삶이 되는 것이다. 나아가 이것이 인생 2막의 또 하나의 직업으로도 이어질 수 있으며 그것이 바로 우리가 꿈꾸는 품격 있는 은퇴 생활의 가장 이상적인 형태가 될 것이다.

은준인隱準人이여!

제품이나 서비스의 경쟁에서 승리하기 위해서는 자기 브랜드가 필요하다. 우리의 인생 2막도 '품격 있는 은퇴생활'이 되기 위해서는 '자기 핵심 브랜드self-core brand' 구축에 대한 고민이 반드시 필요하다.

'자기 핵심 브랜드' 만들기 과정

'은퇴 준비 4가지 영역' 준비과정에서 '자기 핵심 브랜드'가 창출되다

통상 우리는 퇴직을 하게 되면 여러 부류의 다양한 삶을 살게 된다.

정년퇴직 후 일반적으로 가장 바라는 것이 재취업일 것이다. 대부분 퇴직자가 꿈꾸는 생활이지만 그렇게 되기가 쉽지 않다. 그렇게 되더라도 그리 장기간 유지하기는 어렵고 통상 2~3년 정도 재취업하게 된다.

앞에서 언급했듯이 30년 이상의 직장 생활을 마치고 퇴직하자마자 쉽지도 않은 재취업부터 고민하는 것은 정말 당황스럽기 짝이 없다.

그리고 다른 여러 라이프스타일 중에 또 생각해 보는 것이 창업인데 특히 프랜차이즈나 평소 기타 꿈꾸어 온 사업에 도전하는 경우도 있다. 또한 이러한 창업이나 재취업의 마음은 있으나 선뜻 나설 용기가 없어 그냥 주어진 연금으로 묵묵히 살아가는 대부분의 은퇴자가 있다. 그리고 퇴직한 지 몇 년이 지났는데도 아직도 뭔가를 찾아다니며 새로운 도전을 꿈꾸는 사람도 보았다.

몇몇은 오래전부터 꿈꾸어 온 일이라며 시골로 내려가 귀농이나 귀촌을 택하는 경우도 있다.

이렇듯 대부분의 은퇴자는 퇴직 후 삶에 대해 나름대로의 방향을 잡고 열심히 살아가고 있다. 하지만 모두들 뭔지 모르게 그들의 퇴직생활의 삶에 대해 만족스럽지 못한 부분이 있는 것 같다.

왜 그럴까? 그것은 퇴직 후 인생 2막에 대한 '자기 핵심 브랜드' 만들기에 대한 노력이 부족했기 때문이라고 나는 생각한다.

'자기 핵심 브랜드'를 만든다는 것은 처음부터 꼭 사업이나 경제적 이득을 창출해 내는 것과 연관 지울 필요는 없다. 브랜드는 앞에서 설명하였듯이 여러 특징 중 가장 두드러진 특징이 차별화라고 볼 수 있다. 즉 다른 은퇴 생활자와 차별되는 뭔가를 가지고 있어야 하며 은퇴 전의 생활과 은퇴 후의 생활도 차별화가 되어야 하는 것이다.

이러한 차별화는 순간적으로 찾아지는 부분도 있겠지마는 대부분이 자기 특성을 잘 파악하여 만들어지고 가꾸어져야 하는 것이다. 어느 날 갑자기 형성될 수 있는 것이 아니다. 꾸준한 노력을 통해 영글어지는 것이다.

앞에서 우리가 품격 있는 은퇴생활을 위해 4가지 영역의 삶에 대한 각자의 준비를 강조한 바 있다. 혼자서 잘 즐길 수 있는 삶, 함께 잘 즐길 수 있는 삶, 끝까지 도전하며 사는 삶, 그리고 봉사를 즐기며 사는 삶에 대한 준비 등 4가지 영역의 삶에 대한 의미와 실천 케이스를 예를 들어 설명한 바 있다.

그런데 이러한 준비의 전제 조건을 모두 자기가 좋아하는 것, 하고 싶은 것들로 구성되어야 한다고 강조한 바 있다. 이러한 과정을 통해 4가지 영역을 준비하다 보면 자기 특성을 잘 파악하게 되고 다른 사람과 차별화될 수 있는 자기의 핵심 브랜드를 만들어 갈 수 있는 것이다.

현역 시절 하지 못했던 것을 준비 과정을 통해 개발되어 진행할 수 도 있고 평소 조금씩 진행해 오던 것을 준비 과정에서 더욱 구체화시 켜 개발될 수도 있다. 중요한 것은 준비 과정을 거쳐 그곳에 최대한 초 점을 맞춰 노력해야 한다는 것이다.

예를 들면 퇴직 후에는 귀농하여 농사를 짓고 싶어 했던 사람이라면 준비 과정에서 관련된 모든 것을 연구하고 준비해서 남과 차별화된 새 로운 가능성 있는 뭔가를 창출해 내어서 그 분야에 도전장을 내밀면 되는 것이다. 또한 기계 장치 조작에 평소 관심이 많았다면 무인비행 장치인 드론 자격증에 도전하여 면허를 취득하고 이를 집중 연구하여 좋아하는 직업을 창출해 내는 노력을 해 나가는 것이 바로 인생 2막의 '자기 핵심 브랜드' 만들기 과정인 것이다.

앞에서 설명했듯이 은퇴 준비 과정에서 제빵기능사 국가 자격증을 취득하여 주기적으로 빵을 만들어 집이나 지인에게 선물하는데, 포장 에 간단한 빵에 대한 설명과 아울러 하단에 '홈베이커리 킬리만자로 제 빵 연구사 김관열'이라고 적는다.

이것이 바로 '자기 핵심 브랜드'화하는 과정인 것이다. 이것이 발전 되어 상업적으로 연결될 수 있다면 내가 좋아하는 분야에서 직업을 만 들어 낼 수도 있다. 은퇴생활을 즐기면서 평생 직업으로서도 역할을 할 수도 있다고 본다.

따라서 인생 2막의 자기의 브랜드를 개발하는 것은 반드시 '은퇴 준 비 4가지 영역'의 준비 단계를 성실히 거쳐야만 쉽게 윤곽이 잡힐 수 있 다는 것이다.

이 단계를 간단히 요약하면 다음과 같다.

첫째, 은퇴 준비 4영역에 대한 세부 설계를 한다.
둘째, 각각의 영역에 대해 구체적 준비 단계를 거친다.
셋째, 준비 과정에서 관심 집중 분야를 선택한다.
넷째, 관심 집중 분야에 대한 차별화 전략을 구상한다.
다섯째, 이것을 상품화, 작품화 및 사업화한다.

여기서 중요한 것은 관심 집중 분야의 선택과 차별화 전략의 구상인데 자기가 하고 싶어 하고 좋아하는 분야이므로 뜻밖의 결과가 나올 수 있다고 생각된다. 이런 과정에서 탄생하는 것이 바로 '자기 핵심 브랜드'가 되는 것이다.

다음 장에서 설명하겠지만 나의 경우도 이런 과정을 거치면서 나의 '자기 핵심 브랜드'가 탄생되었던 것이다. 전혀 예기치 못한 큰일을 만들어 낸 것이다. 이로 인해 나는 '은퇴 준비 4가지 영역'에 대한 중요성을 더욱 강하게 느끼고 있다.

은준인隱準人이여!
은퇴 준비 4영역에 대한 준비를 성실히 진행하다 보면 자기가 진정 추구하고픈 '자기 핵심 브랜드' 개발이 가능하게 될 것이다.

[3]
나의 '자기 핵심 브랜드'를 구축하다
— 은퇴 전문 작가 및 강연가 되기

나의 '자기 핵심 브랜드'는 의도되지 않은 과정에서 만들어졌다

그럼 나의 인생 2막 '자기 핵심 브랜드'는 무엇일까?

결론부터 얘기하자면 나의 '자기 핵심 브랜드self- core brand'는 은퇴 준비 전문 작가 및 강연가이다.

나는 국내 최초로 은퇴 준비에 대해 약 2년간의 실전적 경험을 통해 가이드라인을 정립하고 이를, 은퇴를 준비하는 모든 사람에게 조언하고자 하는 은퇴 준비 코칭 전문가인 'ART 코치 국내 1호'가 되었다.

좀 더 자세히 설명하기 위해서는 내가 책을 쓰기까지의 과정을 설명할 필요가 있어 보인다.

나는 앞에서 부분적으로 설명했듯이 정년퇴직 2년 전 정부의 정책에 따라 정년 연장이 이루어졌고 2년간의 임금피크제 기간을 마친 후 정년퇴직을 맞이하게 되었다. 그리고 퇴직 후 당황하지 않고 자연스럽게 은퇴생활로 연결되기 위해서 틈틈이 은퇴 후의 생활에 대한 준비를 해야만 했다.

그리하여 과연 우리가 퇴직 후 품격 있는 은퇴생활을 보내기 위해서는 어떤 준비를 하는 것이 좋은지 궁금했다. 관련 교육도 받았고 전문가라 칭하는 분도 만나 의견도 나누어 봤다.

인터넷을 뒤져 관련 서적도 읽어 보았고 서점으로 달려가 관련 정보를 얻으려 노력도 해보았다. 각자 소중한 정보들이었고 나름대로의 가치는 있다고 생각되지만 곧 은퇴를 맞이해야 하는 나에게는 은퇴 준비에 대한 종합적인 가이드라인으로 받아들이기에는 어려움이 있었다.

그도 그럴 것이 지금까지 우리나라의 직장 생활이란 대부분 현직으로 있다가 어느 날 정년퇴직을 하게 되면 그때부터 생각하고 준비하는 것이 통상적인 흐름으로 되어 있었기에 은퇴를 맞이하기 위해 일반적으로 뭘 준비해야 하는지에 대해 소홀해지는 게 사실이었다.

아직도 많은 사람들이 은퇴에 대해 두려워하거나 아니면 허둥지둥하고 있는 것을 많이 목격할 수 있었다. 나는 이러한 상황이 매우 답답하게 느껴졌다.

우리는 누구나 쉽게 '100세 시대'에 살고 있다고 하고 또 퇴직 후 우리의 삶을 '인생 2막'으로 표현하고 있다. 그런데 우리의 인생 2막은 누군가가 만들어 주는 것이 아닌 것이다. 모두 각자가 준비하고 잘 만들어 나가야 하는 것이다. 그런데 뭘 준비하고 체계적으로 어떻게 만들어낼지 아는 사람이 별로 없었다. 그래서 나는 이 분야에 대한 가이드라인을 만들기로 하고 은퇴 준비와 관련된 연구에 착수하게 되었던 것이다.

우리가 가끔 듣는 단어 중 '취준생'이라는 단어가 있다. 국어사전에도 나와 있는 단어다. 검색해 보니 취업 준비생의 줄임말이라 되어 있다. 이 단어를 모르는 사람은 거의 없을 것이다. 해석한 대로 '취준생'은 취업을 준비하는 학생을 뜻하는데 성공적인 취업을 위해서는 학생들이 준비를 아주 잘해야 한다는 것이다. 취업이 인생의 최종 목표는 아니지만 행복한 자기의 삶을 살려면 취업을 거쳐야 하는 것이다. 그래서 '취준생'은 학점도 관리해야 하고 어학 점수도 높이고 봉사활동도 하고 각종 스펙도 쌓는 것이다.

나는 이 책의 많은 부분에서 명시했듯이 은퇴를 준비하는 사람을 '은준인'이라는 용어를 사용하고 있다. '취준생'이 인생 1막을 준비한다면 '은준인'은 인생 2막을 준비해야 한다.

'취준생'이 성공적인 취업을 위해서 잘 준비해야 하듯이 '은준인'도 성공적인 은퇴생활을 보내기 위해서는 준비를 잘해야 하는 것이다.

그럼 '은준인'은 과연 무엇을 준비해야 될까?

'취준생'처럼 학점을 관리하고 각종 스펙을 쌓을 필요는 없을지 몰라도 분명 뭔가를 준비해야 한다는 것이다.

나는 이러한 준비를 '은퇴 준비 4가지 영역'이라 정하고 이 4가지 영역에 각자의 추구하고 싶은 아이템을 개발하여 퇴직 전에 가급적 많이 준비하여 틀을 만들자는 것이었다. 이러한 준비 과정에서 지금까지 느끼지 못했던 집중 관심분야를 발견할 수 있고 이것을 보다 심도 있게 관리하고 노력하면 이 과정에서 '자기 핵심 브랜드'가 탄생할 수 있다는 것을 알게 되었다.

이것이 단지 하나의 자기 생활의 의미 있는 활동으로만 봐도 충분하겠지만 미래의 또 다른 직업으로 연결된다면 더욱 의미 있는 일이 될수 있지 않을까?

그런데 여기서 너무 경제적 수익만을 우선적으로 강조하는 것은 바람직하지 않다는 것을 다시 강조한다.

언급하였듯이 나는 '은퇴 준비 4가지 영역'을 개발하여 실제 나의 아이템을 하나하나 추진하여 왔다. 짧은 시간 정말로 많은 일들을 추진하였다.

내 생활공간 확보를 위해 다각도로 노력했고 퇴직 후 사용할 자기 주도하의 생활자금 확보를 위해 아내와 수차례 진지한 협상도 가졌다.

혼자서 즐길 삶을 위해 다수의 항목을 개발하고 이를 위해 학원을 쫓아다니며 자격증 시험에 도전했고 각종 나와 맞는 취미 활동 개발을 위해 POP 자격증 등 각종 자격증 취득에도 노력했다.

함께 즐기는 삶에 대한 준비를 위해 취미로 하고 싶었던 탁구 셰이크핸드와 3쿠션 당구도 성실히 배웠다.

끝없는 도전을 위해 새로운 어학에 대한 도전으로 중국어를 택해 신 HSK 시험에 응시 3급과 4급에 합격했고 5급을 준비 중에 있다.

또한 봉사를 즐기는 삶을 실천하기 위해 '아내에게 죽을 때까지 500개 음식 만들어 주기'를 나의 버킷리스트 1번으로 넣고 실천하여 현재 150여 개를 진행하고 있고 지역사회에 대한 규칙적인 봉사활동도 진행 중에 있다.

그리고 퇴직 전에 꼭 만들고 싶었던 나만의 블로그를 제작하여 앞으로 은퇴를 준비하는 나의 인생 후배들에게 좋은 정보를 제공하고자 준비를 마쳤다.

그러는 과정에 주위에 있는 많은 사람들이 때때로 자문과 강의를 요청해와 더욱 많은 사람들에게 이를 전달해야겠다고 생각하게 되었다.

내 블로그 내용인 '인생 2막을 위한 은퇴 지침서'를 근간으로 가칭 '은준인, 은퇴를 준비하는 사람들'이라는 책을 쓰게 된 것이다. 이 과정에서 나는 그토록 꿈꾸어 왔던 작가가 되겠다는 뜻을 세우고 이것이 '나의 핵심 브랜드'임을 깨닫게 되었다.

책이 출판된다면 나의 이러한 생각을 전달받기를 원하는 많은 '은준인'을 위해 나의 경험을 바탕으로 한 은퇴 준비 전문적 코치 역할을 하는 'ART 코치'라는 신종 타이틀을 개발하여 'ART 코치 국내 1호'로 활동하게 될 것이다.

이것이 바로 내가 앞으로 추구해야 하는 나만의 '자기 핵심 브랜드'인 것이다.

은준인隱準人이여!

'자기 핵심 브랜드' 개발은 은퇴 준비를 위한 진지한 진행 과정에서 창출될 수 있다. 품격 있는 은퇴생활을 위해 우리에게 필요한 것은 철저한 은퇴 준비와 도전이다.

제4장

나이 60세에 만든
'실천형 버킷리스트'

생각만 하고 있어서는 안 된다.
— 작자 미상 —

Thinking is not doing.

나이 60세에 '실천형 버킷리스트'를
만든 이유

'실천형 버킷리스트'로 우리의 꿈을 실현하자

회사생활을 하다 보면 여러 가지 교육을 받게 되는데 리더십 과정과 같은 특별한 교육을 받게 되는 경우가 종종 있었다.

이 경우 여러 가지 각종 특강이 포함되는데 빠지지 않는 단골 메뉴 중 하나가 바로 '버킷리스트' 교육인 것 같다. 왜냐하면 나의 경우도 경영자 리더십 교육을 포함해서 퇴직 예정자를 대상으로 진행한 교육 프로그램인 '브라보! 마이 라이프' 교육 등에서도 '버킷리스트' 교육을 받은 것으로 기억된다. 사실상 나의 경우 다른 교육에 비해 이러한 버킷리스트 교육은 상당히 난감하게 느껴지곤 했다.

'버킷리스트'는 통상 누군가 죽기 전 꼭 한 번 해 보고 싶은 일이나 꼭 가고 싶거나 보고 싶은 것들을 적은 목록을 가리키는 것이다.

여기에 나오는 '버킷'은 '죽다'라는 뜻으로 쓰이는 속어인 '킥 더 버킷 kick the bucket'으로부터 만들어진 말이라고 한다.

중세 시대에는 교수형을 집행할 때 올가미를 목에 두른 뒤 뒤집어

놓은 양동이bucket에 올라간 다음 양동이를 걷어참으로써 목을 맸었다는 데서 유래되었다고 한다. 그래서 나는 버킷리스트의 항목을 정할 때마다 대단히 진지하고 사려 깊게 선정되어야 될 것으로 생각되었다. 목을 매는 심정까지는 아니더라도 목이 메일 정도의 비장함으로 결정되어져야 한다고 생각했다.

그런데 도대체가 이러한 교육을 받을 때 버킷리스트 항목에 뭘 적으려고 하면 도통 떠오르지가 않아 아주 난감하다. 심지어 발표까지 시키면 아주 절망적이다. 그래서 남들이 다 적으니까 고민 끝에 할 수 없이 적는 것이 대충 '퇴직 후 아내 데리고 유럽 여행 가기', '악기 배워 봉사활동하기' 등이다. 죽기 전에 꼭 하고 싶은 일인데도 지금까지 뭘 적었는지 솔직히 기억도 나지 않는다.

나는 이번에 '은퇴 준비 4가지 영역'에 대한 구체적 내용을 연구할 때 각 영역별 아이템을 검토하고 추진하는 과정에서 내가 하고 싶은 많은 일들을 발견하게 되었다. 이것들을 한꺼번에 묶으니 마치 이것이 나의 '워시 리스트'나 '버킷 리스트'와 같은 모양이 되었다.

나는 이러한 목록을 교육받을 때 잠시 만들고 곧 잊어버리고 마는 그런 버킷리스트의 아이템이 아니라 인생 2막의 출발점이 되는 이 시점에서 정성껏 적어 보기로 작정했다. 지금 내가 하고 싶은 것, 내가 해야 할 일들, 그리고 소망, 바람 같은 것을 격식 없이 적어 나의 버킷리스트를 만들고 이것을 지속적으로 관리하기로 마음먹었다. 마치 나의 인생 2막의 계획표 같은 것이었다.

처음에는 10개 정도 모아지더니 점차 늘어났다.

이렇게 목표를 정해 추진하니 무료하게만 느껴질 것 같았던 나의 은퇴생활이 갑자기 무척 바빠지는 느낌이 들었다. 하루하루조차 계획을 짜고 일주일 단위로 시간 관리를 하니 현역 때와 똑같이 생동감이 다시 살아난다. 퇴직했다고 나태해지는 그런 삶이 아닌 여전히 배우고 끝까지 도전하는 그런 삶이 된 것이다.

이 방향이 바로 은퇴자가 추구해야 하는 삶의 방향이라는 확신이 들었다.

이렇게 시작된 나의 버킷리스트 관리는 점차 활성화되고 지금도 여전히 생동감 있게 살아 움직이고 있다. 진행과정에서 수시로 종결되는 항목도 있고 새로 추가되는 항목도 생긴다. 단기간에 완성되어 종결되는 아이템도 있고 또 곧 완성될 것으로 예정된 부분도 있다. 그중에는 나의 마지막 임종 시까지 달성하지 못할 항목도 생길지 모른다.

하지만 나는 나의 버킷리스트 관리가 일시적이거나 단기간에 끝나기를 원하지 않는다.

나의 버킷리스트의 핵심은 항상 실천하는 것을 목표로 하고 있다. 그래서 나는 나의 버킷리스트를 일반적으로 한번 적고 마는 '메모형 버킷리스트'가 아니라 '실천형 버킷리스트'라 부른다. 실천하지 않는 꿈과 소망은 의미가 없다고 보기 때문이다.

나이 60세에 왜 버킷리스트를 만들었느냐고 물어본다면 '인생 2막, 이제는 내 삶을 내 방식대로 새롭게 시작하고 싶기 때문'이라고 대답하고 싶다. 나의 '실천형 버킷리스트' 아이템은 현재 20여 개가 진행되고 있다. 하나하나가 모두 나에게는 흥미롭고 진지한 나의 꿈이자 미래인 것이다.

은준인隱準人이여!

꿈과 희망을 단순히 기록해 두는 '메모형' 버킷리스트가 아니라 끝까지 도전하고 실천하는 '실천형' 버킷리스트로 인생 2막의 우리의 꿈과 미래를 관리해 나가도록 해야 할 것이다.

【1】
죽을 때까지 아내에게
음식 500가지 만들어 주기
(선정 : 2017.1 / 진행상태 : 진행 중/30%)

나는 나의 버킷리스트 1호로 '죽을 때까지 아내에게 500개 음식 만들어 주기'를 선정했다. 현역 시절 회사 업무를 핑계로 잘 돌보지 못한 아내를 위해 감사하는 마음에서 진행하고자 한다.

과연 가능할까 고민도 되었지만 아직 시간은 충분하다고 판단되어 500개 음식을 만들기로 고수하게 되었다.

처음에는 없는 실력이지만 주말마다 열심히 만들어 감동도 받았으나 마음만 가지고 되는 것이 아니고 진정한 기술 습득이 필요하다고 생각되어 아내가 좋아하는 양식을 주 종목으로 만들기 위해 퇴직 2년 전부터 요리학원과 제빵학원을 다니며 양식조리 기능사 국가기술자격증과 제빵기능사 국가기술자격증를 취득하여 이제는 좀 더 향상된 솜씨 속에서 음식을 제공하고 있다.

500개의 음식을 다 만들려면 제법 많은 시간이 필요할 것이다.

5년이 걸릴지 10년이 걸릴지 그 이상의 시간이 걸릴지도 모를 일이다. 아무튼 긴 시간이 요구되겠지만 내가 해주는 음식을 아내가 잘 먹을 수 있도록, 항상 건강하기를 바라는 마음에 나의 버킷리스트 1호로

이 아이템을 선정했다.

　내가 만든 모든 음식은 밴드로 관리해오다 얼마 전 만든 나의 블로그(은준인 / 은퇴를 준비하는 사람들)에 모두 옮겼다.

　음식마다 간단한 레시피와 스토리를 적었고 재미있는 제목을 붙여 짧은 즐거움을 줄 것이라 기대한다.

이제 요리는 나의 생활이다.

[2]
양식조리 기능사 국가 기술 자격증 취득하기
(선정 : 2017.10 / 진행상태 : 2018.2 완료)

나의 2번째 '버킷리스트' 아이템은 양식조리 기능사 국가기술자격증 취득이다.

평소 주말에 가끔 요리를 하면서 만들 때의 즐거움과 함께 만든 음식을 가족들이 맛있게 먹는 것을 즐기던 나로서는 내가 만든 음식에 대한 신뢰감은 물론이고 보다 양질의 음식을 제공하는 것이 필요하다고 판단되었다.

특히 아내가 좋아하는 양식에 대한 조리 기능사 자격증을 취득한다면 정말 좋지 않겠느냐는 의미에서 자격증 취득을 도전하게 되었다.

먼저 필기시험 준비를 위해 양식조리 기능사 필기시험 관련 책을 구입하였고 약 1개월간 준비하여 필기시험에 합격하였다. 이어서 퇴근 후 회사 주변에 있는 요리학원에 가서 약 2개월간 강습을 통해 실습 시험에 도전하여 한 번에 합격하게 되었다.

정년퇴직 후 가정 내에서도 자존감이 무너지고 특히 가족으로부터의 존재감이 없어진다는 경우를 우리는 자주 보아왔다. 이러한 현실을 깨트리는 좋은 방법 중 하나가 바로 가족들에게 음식을 만들어 주는 것이라고 생각된다. 그것도 국가 기술 자격증을 획득한 상황에서 가족에게 음식을 만들어 준다면 얼마나 멋진 일이겠는가 상상해 보자.

나는 2018년 10월, 내 환갑 때 가족과 일부 친지들을 저녁 자리에 초대하여 내가 손수 만든 스테이크와 빵으로 의미 있는 파티를 하였다. 흐뭇한 일로 기억된다.

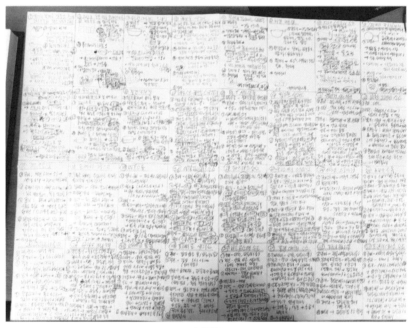

필기공부

새로운 어학 중국어 도전,
신HSK 3,4,5,6급 합격하기

(선정 : 2017.4 / 진행상태 : 진행 중/50%)

'실천형 버킷리스트'를 작성하면서 아무런 주저 없이 선택한 항목이 새로운 어학에 대한 도전이다. 즉 그동안 관심이 많았던 중국어 학습에 대한 부분이다.

은퇴생활 중에도 지속적으로 해야 할 부분이 어학 공부라 생각한다. 꼭 그 어학자체가 필요해서가 아니라 배움 그 자체를 즐기기 위해서다.

내 경우는 중국어를 선택하여 매일매일 공부하는 것이 은퇴생활 중 하나의 큰 기쁨이 되었다. 매일 조금씩 어학 공부를 하는 것은 생각보다 훨씬 흥미롭다. 그뿐만 아니라 정년퇴직 후에도 매일 책상에 앉아 외국어를 공부하는 모습을 아내와 자녀 그리고 손자들이 본다면 이 또한 얼마나 흐뭇하겠는가?

간단한 중국어 인사말 정도만 알고 있는 나로서 처음 시작하는 시점에는 어려움이 예상되었지만 한번 도전하기로 결심하고 이왕 도전할 거라면 중간에 포기하지 않고 끊임없이 체계적으로 중국어를 배우기 위해서 중국어 자격시험인 신HSK에 도전하는 것이 좋겠다고 생각되었다.

새로운 어학, 중국어에 도전 / 신HSK 3,4급 합격, 5급 준비 중

신HSK는 1급에서 6급까지 있는데 우선 취득 가능선인 3급을 목표로 공부를 시작하여 약 5개월의 노력 끝에 3급 자격시험에 합격하였고, 이어서 6개월 후 4급 자격시험도 합격하였다.

지금은 5급 시험을 계속 학습하고 있으며 5급에 이어 6급까지 계속도전할 계획에는 변함이 없다. 중국어 배우기의 나의 마지막 목표는 '중드' 쉽게 보기이다.

평소 관심이 많은 중국 드라마를 자연스럽게 볼 수 있는 그날이 빨리 다가오기를 소망한다.

[4]
당구 3쿠션 배워 대대 수지 20점 도달하기
(선정 : 2017.9 / 진행상태 : 진행 중/50%)

나의 '실천형 버킷리스트' 종목 중 하나는 당구 3쿠션 배우기이다.

사실상 나에게 은퇴 후 가장 하고 싶은 스포츠가 있었다면 그것은 당구의 3쿠션이었다.

당구는 과거 잠시 당구를 접해보긴 했어도 자주 할 기회가 없어 나에게는 쉽지 않은 운동이지만 TV의 당구 프로를 볼 때마다 퇴직 후 3쿠션에 꼭 도전해 보기로 마음먹었던 운동이다.

사실 난 퇴직 후 이 운동을 아내와 같이 해 보고 싶었다.

평소 아내는 동적인 운동을 즐겨 하지 않지만 차분한 이 운동은 여러모로 맞을 것 같아 아내와 같이 하고 싶은 욕심에 더욱 관심이 갔다.

아내는 아직은 어려워하는 단계지만 더욱 열심히 연습하면 좋아질 것을 기대하고 있다. 아무튼 아내와 이 운동을 함께 하기를 바라는 마음에서 이 운동을 새로 배우는 운동 1호로 선정하였다.

나는 실력을 키우기 위해 틈틈이 시간을 내어 3쿠션의 이론적 학습과 TV 시청을 통해 감각을 키우고, 실전 연습을 통해 실력을 키워가고 있다. 쉽지 않은 운동이지만 힘든 만큼 흥미를 끄는 매력이 있는 운동

빌리야드 3쿠션에 도전-이론과 실습 병행

이라 생각된다.

　요즘은 가끔 아내를 데리고 당구장에 가서 기초를 가르치고 있다. 아내는 아직 크게 재미를 못 느끼지만 조금씩 즐기는 것 같다.

　나의 목표는 수지로 대대 20점 또는 애버리지 0.5로 잡고 조금씩 집중적으로 연습의 시간을 늘려 잡는다면 분명 빠른 시간 내에 목표를 달성할 수 있으리라 기대한다.

[5]
탁구 세이크 핸드 습득하여
셋째 처형 이기기
(선정 : 2017.5 / 진행상태 : 진행 중/30%)

나의 5번째 선정된 버킷리스트는 탁구에 관련된 것이다.

탁구는 스포츠 종목 중 골프나 당구와는 달리 보다 용이하게 여러 사람을 접할 수 있는 대중적 스포츠라 나의 관심을 끌었다.

현직 근무시절 1년에 한두 번 탁구 대회가 있었다. 정식으로 배워 본 적이 없는 나로서는 주로 응원하는 입장에 있곤 하였다. 그때마다 세이크 핸드로 치는 동료가 등장하여 멋진 플레이를 선보이며 관중들의 박수를 한 몸에 받곤 하였다.

그 장면이 너무 멋있어 나도 언젠가는 꼭 세이크 핸드 그립 법을 정식으로 배우고 싶었다. 그리하여 임금피크제 기간 동안 새벽 강습반에 나가 기초부터 하나하나 배우기 시작했다.

평소 탁구를 좋아하는 셋째 처형이 이 소식을 듣고 탁구용 유니폼과 신발을 보내 주면서 응원을 보내 주었다.

약 6개월을 배우니 기초가 좀 마스터된 느낌이지만 새벽반 강의가 없어지는 바람에 중단할 수밖에 없었다. 하지만 이를 기초로 퇴직 후 탁구를 좋아하는 지인과 동아리 회원들과 탁구를 즐기며 실력을 연마

새벽반 레슨을 통해 세이크 핸드 습득

하고 있다.

아직 실전 경험이 부족하지만 계속 진행한다면 건강관리를 위해 좋은 운동 종목으로 자리 잡을 수 있다고 생각된다. 운동도 하면서 또한 지역사회의 사람들과 교류하며 즐거움을 나눌 수 있는 매우 좋은 스포츠다.

나의 마지막 목표는 항상 나의 탁구에 격려를 보내주고 있는 셋째 처형과 멋진 시합을 해보는 것이다. 오랜 경륜과 실력을 겸비한 처형에게 아직 초보자인 나로서는 어렵겠지만 차근차근 실력을 쌓아간다면 멋진 승부를 기대해 보아도 좋지 않을까 생각된다.

아코디언 10곡 나이스하게 연주하기
(선정 : 2017.11 / 진행 상태 : 진행 중)

음악과 관련된 나의 '실천형 버킷리스트' 아이템은 아코디언 연주이다.

정년퇴직 후의 삶은 지금까지의 현직 시절의 삶의 방식과는 매우 다르다. 자연히 혼자서 조용히 시간을 보내야 되는 경우가 많아진 것이다. 이럴 때 꼭 필요한 친구가 바로 악기라 생각된다. 퇴직이 가까이 오면 악기 하나 정도는 해야 되지 않을까 싶어 아코디언을 배우게 되었던 것이 천만 다행이라는 생각이 든다.

퇴직 후에는 어떤 악기를 선택하든 간에 본인이 좋아하는 악기를 선택하면 된다. 일반적으로 기타, 색소폰, 하모니카를 비롯해 피아노, 드럼, 우쿨렐레, 플루트, 심지어 바이올린을 처음부터 배우는 사람도 봤다. 악기란 배우고 숙달시키는 데 정말 많은 시간이 요구된다. 중요한 것은 자기가 선호하는 악기를 선택하면 그것이 최상의 기쁨인 것 같다.

음악에 취약한 나의 경우는 2년 전부터 아코디언 동아리에 가입되어 동아리 회원들과 연습해 오다가 퇴직 후에는 아코디언 전문 음악학원에서 전문가의 지도하에 단계별로 습득하고 있다. 모든 악기가 그렇

아코디언 동아리 '손풍금' 회원과 함께

듯이 아코디언 또한 습득하기가 결코 쉽지 않고 일정 수준에 도달되기 위해서는 많은 시간과 노력이 필요하다고 생각된다. 꾸준히 즐기면서 계속 노력해 간다면 점차 향상되어 꿈에 그리던 나의 목표 10곡을 완성시킬 수 있다고 본다.

아이들 결혼식 날, 내가 좋아하는 아바의 'I have a dream.'이나 '쇼스타코비치 왈츠 no. 2'를 연주할 수 있다면 그 이상 바람은 없을 것 같다.

7

치매예방 위해 아내와 마작하기
(선정 : 2018.1 / 진행상태 : 진행 중/30%)

나의 '실천용 버킷리스트' 7번째 아이템은 '아내와 마작하기'이다.

해외근무 시절 외국의 중국 차이나타운 집 앞에서 삼삼오오 모여 마작 게임을 하는 것을 구경하고 난 후 나도 언젠가 마작을 한번 배워 보겠다고 마음먹은 적이 있었다. 그리고 나서 잊고 있다가 은퇴가 다가옴에 따라 다시 끄집어내어 아내와 같이 하기로 마음먹었다.

아내는 처음 선뜻 응하지 않았으나 치매 예방에 가장 좋은 방법 중 하나가 마작이라고 설득하여 함께 하기로 마음먹었다.

마작 패는 일찍이 구입하여 소장하고 있었지만 마작 판도 없고 게임 방법을 몰라 고민하다 우선 마작 판은 구입하기에 너무 고가라 직접 제작하기로 하고 DIY 가구 제작에 능한 동료의 도움을 받아 나무 판을 만들고 바닥 천을 구입하여 제작하였다.

게임방법은 주위에 아는 사람도 없고 해서 책을 통해서 배우기로 하고 책을 구입하였다. 그리고 그것을 숙독하고 누구나 쉽게 게임에 적응할 수 있도록 요약하여 이것을 가지고 아내에게 설명하니 어려워하지 않고 쉽게 게임을 배워 갈 수 있었다. 처음에는 어려워하던 아내는 점점 흥미를 더해 가고 있고 아이들에게도 설명을 한다.

새로운 게임에 대한 도전이 우리 가족의 마음을 사로잡고 있으며 우리 집에서만 즐기는 서민 가족 게임으로 자리 잡아가고 있다.

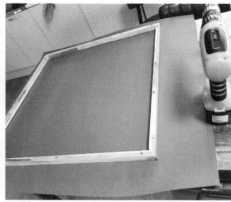

마작판을 DIY로 제작하여 사용 중

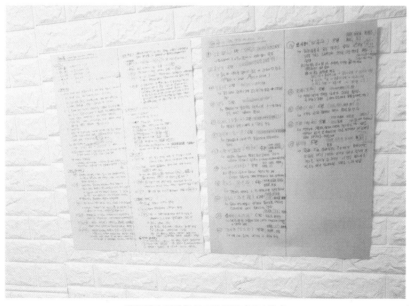

게임 룰과 약의 구성 조건이 정리되어 있다.

8

퇴직 후 나만의 은퇴생활 공간 만들기
(선정 : 2018.2 / 진행상태 : 완료)

나의 '실천형 버킷리스트' 8호는 퇴직 후 나만의 생활공간 만들기다.

퇴직자들이 가장 먼저 준비해야 할 아이템으로 퇴직 후의 자기만의 생활공간 마련이라고 생각한다. 그것은 어떤 형태이든 규모든 크게 문제가 되지 않고 퇴직 후에 아침 정시에 출근할 수 있는 자기만의 공간을 확보하라는 의미이다.

퇴직 후 이러한 나만의 생활공간은 여러모로 필요하다는 것을 강조하고 싶다. 나만의 생활공간은 베이스캠프와 같은 곳이다. 필요할 때 휴식도 할 수 있고 평생 학습을 하는 공간으로도 활용되며 취미 활동이나 새로운 미래를 설계하고 준비하는 멀티 룸과 같은 장소라 할 수 있다.

나는 이러한 생활공간 확보의 목표를 세우고 나만의 공간 찾기에 노력하여 결국 장소를 확보하여 탁자와 컴퓨터 공간을 확보할 수 있었다.

이렇게 완성된 공간 이름을 'ART SPACE 19'라고 지었다. ART는 After retirement 즉 '퇴임 후'라는 뜻이고 19는 2019년부터 본격적인 나의 은퇴시기가 시작된다는 뜻이다. 결국 'ART SPACE 19'는 '퇴직 후

2019년부터 품격 있는 은퇴생활을 위한 생활공간'이란 의미로 해석하면 된다.

이 장소는 은준인들을 위한 은퇴준비 코칭 연구 공간이기도 하여 그 중요성이 더해진다.

9

제빵기능사 국가기술자격증 취득하기
(선정 : 2018.4 / 진행상태 : 완료)

실천형 버킷리스트 9번째는 제빵기능사 국가기술자격증 취득하기이다.

양식조리사 자격증 취득 이후 나는 또 다른 아이템을 찾다가 빵을 좋아하는 가족들을 위해 제과제빵 기술을 배워 집에서 빵을 만들어 가족에게 선사하면 좋겠다 생각되어 진행하게 되었다.

제과제빵 학원에 등록을 하고 열심히 실기시험에 대비하여 실습을 배웠고 필기는 따로 공부해서 합격하였다.

국가기술 자격증 취득을 위해 학원과 집에서 모든 품목을 번갈아 만들어 보면서 전체 실기시험 대상인 25개 품목을 공부하여 2개월 후 실기시험에 도전하여 필기시험에 이어 이 역시 한 번에 합격하여 매우 기뻤다.

이제는 틈틈이 시간을 내어 홈베이커리에서 빵과 제과 제품을 만들어 선물하고 집안의 생일이나 특별한 날을 위해 다양한 빵을 준비한다. 아직은 미숙하기 짝이 없지만 꾸준히 진행하면 준전문가 수준에 도달되지 않을까 기대한다.

좀 더 기술이 쌓이면 천연발효를 이용한 건강한 빵 만들기에 도전하고 싶다.

[10]
나만의 홈 베이커리 꾸미기
(홈 베이커리 '킬리만자로')
(선정 : 2018.5 / 진행상태 : 완료)

버킷리스트 10호는 나의 은퇴 생활공간에 홈 베이커리를 만드는 일
이었다.

내 생활공간 안에 빵을 만들 공간을 만들겠다는 생각은 예전에는 도
저히 상상도 못 할 일이다.

당시 제과제빵 학원에 등록하여 약 1개월을 수강하고 2개월째 들어
빵에 대해 겨우 반죽과 발효의 기초 정도만 배운 상태에서 빵을 집에
서 직접 만들겠다고 결심하는 것은 정말 쉽지 않은 일이다.

하지만 혼자서 직접 만들어 보지 않고서는 빵을 배운다는 의미가 없
을 것 같아 나의 은퇴 후 생활공간으로 마련된 'ART SPACE 19'에 빵 제
작용 철제 테이블과 식탁을 구비하였고 반죽기와 오븐기를 추가로 구
매했다. 또한 제빵재료 전문마트에 가서 필요한 일체의 기구와 재료를
구매하였다.

이렇게 준비를 마치고 첫 작품인 '소시지 빵'을 시작으로 계속 진행
하여 매주 한 번씩 제빵과 제과 제품을 만들어 오고 있으며 최근에는
내가 꿈에 그리던 독일 크리스마스 시즌에 먹는 빵인 '슈톨렌'을 직접

214

만들어 아내와 주위에 나눠줬을 때는 정말 홈 베이커리도 잘 꾸몄다는 생각이 들었다.

나의 빵과의 밀회가 점점 더 깊어만 간다.

서예 — 예서隷書 공부하여 전시회 참여하기
(선정 : 2018.4 / 진행상태 : 진행 중/20%)

11번째 '실천형 버킷리스트'는 서예분야로써 한문 서예 중 예서隷書를 공부하여 전시회 참가하기이다.

예서는 한문의 5대 서체인 전서, 예서, 초서, 해서, 행서 중 하나로, 이 5대 서체 중에서 유독 예서에 관심을 갖는 것은 예서에는 다른 글씨 체에는 없는 파세라는 특징을 가진 아름다운 글자라 생각되어 예서 쓰기만을 고집하게 되었다. 학습을 위해 예서와 관련된 여러 인터넷 강의를 마스터하여 기초를 배우고 동영상에 나온 예서의 글들을 습작하기 시작했다.

예서와 관련된 책자를 구입해 매일매일 습작하며 보다 좋은 글이 완성되도록 노력하고 있다.

우선 '예서 기초필법강좌'라는 서적을 통해서 예서의 기초를 공부하였는데 예서의 역사에서부터 기본 획을 수련하는 법과 종합수련법이 도해와 같이 기술되어 있어 많은 도움이 되었다.

이어서 조전비, 예기비, 을영비를 설명한 서적들을 보며 계속 습작을 이어가고 있다. 언젠가는 글 쓰시는 분들과 함께 전시회에 참여해 나의 한 작품이라도 얼굴을 내밀 수 있기를 소망한다.

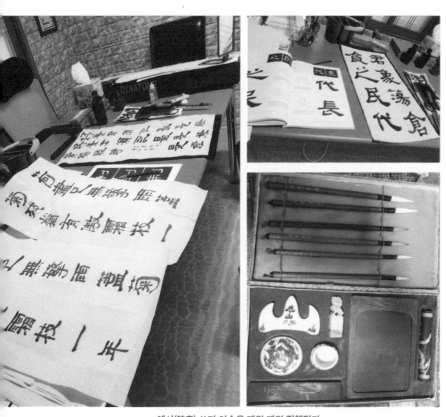

예서(隷書) 쓰기 연습은 매일 매일 진행된다.

[12]
골프 싱글 재도전하기
(선정 : 2018.5 / 진행상태 : 진행 중 / 30%)

나의 실천용 버킷리스트 제12호는 골프 싱글 재도전이다.

사실상 골프는 나에게 많은 의미가 있다. 평소 운동을 좋아하는 나로서는 1991년 당시 업무상 처음으로 캐나다에 나가 근무하게 되었는데 현지인 파트너가 프로 수준의 실력을 갖고 있어 자연스럽게 골프를 접할 수 있게 되었다. 그 후 동남아 다른 나라에서의 해외 근무 기간 중 체력 증진을 위해 주말을 이용해 운동에 몰두해 다수의 싱글과 홀인원 등을 경험한 적이 있었다.

한국으로 복귀한 후 회사 내에서도 골프 동아리 모임의 총무를 맡아 항상 골프와의 인연을 맺어 오게 되었다. 하지만 최근 5-6년을 필드에 나갈 수 없는 상황이 되어 오다 퇴직을 하고 다시 도전을 하게 되었다.

과거처럼 할 수는 없겠지만 주위에도 골프를 즐기는 지인들이 많기에 그들과 정기적인 라운딩을 통해 좋아하는 스포츠도 즐기고 이를 통해 좋은 인간관계를 유지함을 목표로 삼고 싶다.

다만 그동안 지난 시절 골프에 투입된 나의 열정의 대가로써 빠른 시일 내에 싱글에 재도전하는 것을 목표로 삼고 싶다. 그동안 충실한 연습이 없었던 나로서는 다소 어렵겠지만 목표가 있는 그 자체가 나로서는 행복하다.

이러한 과정에서 지난 2018년 8월에 나는 나의 인생에 뜻밖의 두 번째 홀인원의 행운을 얻었다.

과거에 받은 골프 관련 각종 트로피

나의 개인 소장 보물 1호 핸드 메이드 중세 골프채

나이 60세에 내 블로그 만들기
(선정 : 2018.8 / 진행상태 : 완료)

나의 13번째 버킷리스트는 바로 '나이 60세에 내 블로그 만들기'이다.

사실상 나는 오래전부터 블로그를 만들어 보려고 계획해 왔지만 차일피일 미루어오다 이제는 더 이상 미루어서는 안 되겠다 싶어 도전하게 되었다.

나는 기록하는 것을 좋아해 많은 자료들을 여러 밴드를 이용해 관리하고 있다. 내 밴드를 본 많은 사람들이 이것을 모두 블로그에 올려 집대성시키면 아주 멋진 블로그가 탄생할 거라는 의견을 주곤 하였다.

이에 블로그에 대해 공부하기 시작했지만 시간도 많이 소요되고 어려움이 있어 동료 직원의 도움을 받아 짧은 시간에 블로그에 대한 기초를 마스터할 수 있었고, 이를 응용하여 나의 블로그 제작에 박차를 가할 수 있었다.

이렇게 시작된 나의 블로그는 당시 나의 최대 관심사였던 정년퇴직 후의 행복한 삶 만들기 지침서라는 제목으로 관리해오다 '은준인, 은퇴를 준비하는 사람들'이라는 타이틀로 나만의 블로그를 관리해 오고

나이 60세에 만든 나의 블로그 '은준인'이 완성되었다

있다.

당시 나는 이 부분에 대해서도 책 쓰기의 꿈을 가지고 있던 터라 이 블로그를 이용해 책 쓰기까지 연결하도록 방향을 잡았다.

이 생각은 정말 의미 있는 결정이었다고 생각된다. 왜냐하면 블로그에서 시작된 나의 글쓰기가 책 쓰기로 연결되고 이를 바탕으로 은퇴분야의 실전 전문가로 발돋움하여 이제 강연자로서 나의 인생 2막을 시작하는 계기가 되었기 때문이다.

[14]
책 쓰기와 작가 되기
(선정 : 2018.8 / 진행상태 : 완료)

　나의 '실천형 버킷리스트' 14번째로 선정된 과제는 나의 책 쓰기와 작가 되기이다.

　이 항목은 퇴직 후 나의 은퇴생활의 삶 중 가장 의미 있고 보람된 일이 될 것이다. 그만큼 어렵고 힘들었다.

　나도 언젠가는 책을 쓰고 싶다는 막연한 생각은 가져 본 적이 있지만 실제로 이렇게 책 쓰기에 도전하게 되리라고는 생각지 못했다. 어쩌면 내 블로그를 퇴직 전 꼭 만들어 보겠다고 마음먹었던 것이 책 쓰기의 결정적 계기가 된 것으로 생각된다.

　블로그의 전개방법이 책의 구성 방법과 대동소이하게 가져갈 수 있다는 것을 발견하고 블로그의 글쓰기가 내가 의도한 책 쓰기와 연결될 수 있었던 것이다. 쉽지 않은 과정이었지만 나의 블로그가 나름대로 스토리텔링이 되어 가는 과정에서 나는 이것이 한 권의 책으로 탄생할 수 있겠다는 확신을 강하게 가졌다.

　앞으로 블로그를 이용한 책 쓰기에 대한 자문이 필요하신 분들에게는 나의 쉬운 비법을 언제든지 전달해 드리고 싶다.

아마도 이 한 권의 책을 읽는다면 모든 '은준인'들이 퇴직 후의 삶을 분명 '자기 주도하의 의미 있는 삶'으로 바꿀 수 있을 것이라 확신한다. 이렇게 나의 책 쓰기는 시작되었고 이제 나는 그동안 꿈꾸어 온 작가로서의 나의 길을 가려 한다.

나의 책 쓰기의 첫 작품 '은준인' 마무리 작업 중

〔15〕
은퇴 전문 강연가 되기
(선정 : 2018.8 / 진행상태 : 완료)

15번째 '실천형 버킷리스트' 아이템은 'ART 코치(국내 1호)'로서 '은퇴 전문 강연가 되기'이다.

이러한 나의 목표는 사실상 은퇴를 위해 무엇을 준비해야 되는지에 대한 2년간의 연구 과정에서 탄생되었다. 품격 있는 은퇴생활을 위한 코칭 전문가인 'ART 코치 국내 1호'로서 나는 그동안 내가 연구한 은퇴 준비에 대한 내용을 많은 사람들에게 전달되기를 원한다.

퇴직이 가까워졌는데도 퇴직을 위해 뭘 준비해야 될지 모른다면 취업을 코앞에 둔 '취준생'이 취업을 위해 무엇을 준비해야 되는지 모르는 것과 같다. 그러한 '취준생'이 자기가 목표한 취업이라는 것을 뜻대로 쉽게 달성할 수 없듯이 은퇴를 준비하는 '은준인' 또한 이에 대한 준비가 없다면 인생 2막을 행복하게 만들 수 없을 것이다.

이것은 나의 지난 2년간의 연구과정에서 나에게는 충분히 입증되었다고 본다.

나는 아무것도 준비되지 않은 무無의 세계에서 무한히 많은 것을 이루어냈다. 자격증을 따고 외국어도 배우고 취미생활도 하고 음식과 빵

ART 코치 국내 1호 / 은퇴 준비 전문 강연가

도 만들고 책도 쓰고 이제 강연까지 하려 하지 않는가?

만일 내가 이러한 프로세스를 미리 알았더라면 나는 이렇게 어려운 과정을 거치고 않고도 은퇴 준비를 체계적으로 쉽게 할 수 있었으리라 생각된다.

따라서 나는 나의 경험에 의해 체득된 프로세스를 중심으로 책을 썼고 이 내용을 은퇴 준비자에게 전파하여 그들의 부담을 덜어 드리고자 강연 준비를 하게 되었다. 국내 최초의 'ART 코치 국내 1호'라는 타이틀로 은퇴 준비 전문 강연을 진행코자 하는 것이다.

[16]
나만의 명품 제빵 개발하기
(선정 : 2018.10 / 진행상태 : 진행 중/30%)

나의 '실천형 버킷리스트' 16번째는 나만의 명품 제빵 개발하기이다.

나는 퇴직 이후 줄곧 주 1회 제과, 제빵의 다양한 제품을 만들어 오고 있다. 그때그때 제작되는 제품은 다르지만 가족들이 부탁하거나 가족들이 좋아하는 제품을 중심으로 제공하고 있다.

지금까지 나는 소시지 빵, 단팥빵, 크림빵은 물론이고 밤만주나 스위트 롤, 데니시 페이스트리, 생일 케이크까지 소화했고 심지어 크리스마스 시즌 독일의 전통 빵인 슈톨렌도 만들어 가족과 지인들로부터 호평을 받은 바 있다.

아직은 장비 다루는 기술이 부족하여 태우는 등의 실수도 가끔 하지만 점점 실력이 향상되어 정말 이 제빵 기술을 배우기를 잘했다는 생각이 든다. 타지방에서 생활하는 아이들이 한 번씩 집에 들렀을 때 여지없이 찾는 것이 나의 빵이며 항상 가족들의 화제의 중심이 아버지가 만든 빵 얘기이다.

가끔 카페나 커피숍을 운영하는 지인들로부터 정기적으로 빵을 공급해 줄 수 있느냐는 제안을 받은 적도 있다. 물론 다소 의례적인 대화라 생각되지만 좀 더 실력이 쌓인다면 한번 고려해보는 것도 괜찮다고 생각한다. 특히 장비가 보강되고 나만의 빵 개발이 가능하다면 단일 품목의 제품 개발도 추진해 볼 수 있다고 생각된다. 특히 제빵에 대한 마지막 소망은 천연발효를 공부하여 나만의 명품 제빵을 개발하는 것이다.

명품 빵 개발에 노력/독일 크리스마스 빵 '슈톨렌'을 만들다

[17]
수제 맥주 기술 배워 아들 친구들 초대하기
(선정 : 2018.11/ 진행상태 : 진행 중/30%)

17번째 '실천형 버킷리스트' 아이템은 수제 맥주 기술 배워 아들 친구들 초대하기이다.

과거 해외에서 근무할 때 바에서 그 지역의 전통 맥주나 또는 그 집의 하우스 비어를 맛본 기억이 새롭다. 그리고 평소 지인들과 어울리면서 수제 맥주를 접할 경우도 가끔 있다. 이때마다 느꼈는데 언젠가는 나도 집에서 수제 맥주를 직접 만들어 가족들과 나누어 마셔 보리라 결심한 적이 있다.

물론 다양한 풍미의 수제 맥주를 장비가 갖추어지지 않은 집에서 제조하여 마시는 것은 현실적으로 불가능하겠지만 요즘은 간단한 기본 장비를 갖추고 원액 캔을 이용하여 수제 맥주를 양조하는 것이 가능하니 그것부터 우선 실천해 보고 싶다. 어느 정도 지속적으로 할 수 있겠느냐 염려되는 부분도 있지만 맥즙 혼합과 효모 투입 과정을 거쳐 발효 과정과 탄산화 과정을 거친 나만의 수제 맥주를 주기적으로 만들어 제공한다면 이 또한 은퇴 시기의 멋진 이벤트가 되지 않을까 생각된다.

실행에 옮기기로 하고 우선 수제 맥주에 대한 이론 공부가 필요하다

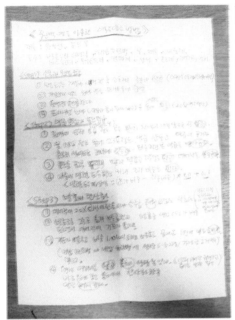

수제맥주 제조하여 아들 친구들 초대 예정

고 생각되어 동영상 강의를 수강하였다. 오랫동안 마음에 두고 있던 일을 여러 가지 이유로 미루어 왔다면 이것이야말로 진짜 버킷리스트 대상이 아닐까 생각해 본다.

상상해보라!

아들 친구들을 초대하여 아버지가 만든 수제 맥주 파티를 열어 주면 그보다 더 자유롭고 멋진 추억이 어디 있겠는가? 정말 신나는 일이 아닐 수 없다.

아내를 위한 노랫말 작사하기
(선정 : 2018.11/ 진행상태 : 완료)

18번째 '실천형 버킷리스트' 아이템은 아내를 위한 노래 작사하기이다.

어린 시절부터 노래를 만들고 싶었다. 음악 공부가 전혀 되지 않은 나로서는 곡을 만든다는 것은 불가능한 일이라 할 수 있다. 하지만 노랫말, 즉 작사는 가능하지 않을까 생각되었다. 쉽지 않은 일이라 생각되지만 도전해 보기로 마음먹고 작사와 관련된 서적을 구입하고 공부하기로 했다.

모든 일이 다 그렇듯이 처음 시도하려고 할 때는 불가능해 보이고 어려워 보인다. 도전이 없으면 이루어지는 일도 없어지는 법이다.

내가 작사를 하려는 이유 중 하나는 아내가 가장 좋아하는 일이 대중가요 듣기이기 때문이다. 아내는 클래식보다는 대중가요에 훨씬 더 친숙하다.

이런 취향의 아내에게 내가 지은 노랫말의 노래를 만들어 들려 줄 수 있다면 얼마나 멋진 일일까 생각했다.

버킷리스트에 등록을 하면서 벌써 노래가 완성된 것처럼 가슴이 설

내 안에 있는 내 아내
- 작사 김 관 열-

긴 머리 휘날리며 내게 다가와
살짝 고개 떨군 너의 모습에
세상 모든 것이 신비해 보여
내 안에 파고든 사람 있었죠.

모든 게 궁금하고 신기한 시간
널 만난 이세상이 너무 좋았죠.
별거 아닌 한마디에 함께 웃었던
내 안에 들어온 사람 되었죠.

세월이 흐르고 세상 바껴도
늘 곁에 따스하게 남아 있었죠.
널 얻은 이세상이 너무 고마워
내 안에 언제나 함께 하였죠.

이렇게 정신없이 세월 보내다
그러려고 그런 것은 아니지만은
마음만큼 못해줘서 정말 미안해
생각만큼 다 못해서 아주 미안해

언제까지 우리가 함께 있을지
그 시간이 언제인지 두렵지만은
남은시간 당신위해 살아가겠소.
지금보다 더 잘하며 살아갈게요.

더 늦으면 안 돼 잊어서도 안 돼
아끼며 사랑하며 살아가겠소.
지체해서 안 돼 시간이 없어
소중한 당신위해 살아가겠소.

내 안에 있는 내 아낼 위해

완성된 작사 / '내 안에 있는 내 아내'

레었다. 우선 노래 제목을 정했다. '내 안에 있는 내 아내'가 나의 첫 작품의 노래 제목이다.

그런데 작사법에 대해 공부하는 과정에서 일반적으로 먼저 데모곡이라는 곡을 받아 거기에 가사를 입히는 방식으로 진행하는데 작사를 먼저 해도 되는 건지 많이 망설였다. 하지만 전문가로부터 그런 방식도 가능하니 꿈을 잃지 말고 도전해보라는 조언에 힘을 얻어 결국 아내를 위한 나의 첫 작사가 완료되었다.

이렇게 만들어진 작사는 전문가로부터 좋은 평가를 받아 작곡가로부터 곡을 입혀 아내를 위한 나의 첫 번째 노래가 탄생하게 되었다. 곡을 받은 아내가 정말 행복해한다.

나의 노랫말 만들기는 계속 진행될 것이다.

[19]
쌍둥이 아들 위해 랩 만들어 불러주기
(선정 : 2018.11 / 진행상태 : 완료)

19번째 '실천형 버킷리스트' 아이템은 쌍둥이 아들 위한 랩 만들기 도전이다.

우연히 고등학생 등 젊은 학생들이 출연하여 랩 경연 대회를 TV를 통해 보는데 한 출연자가 '아버지에게'라는 자작곡 랩을 부르는 것을 보고 매우 공감이 되었다. 젊은 친구들이 요즘 부르는 랩을 우리들의 세계로 보아서는 아직도 노래라 인정되지 않지만 '쇼미 더 머니Show me the money'나 '고교래퍼' 등과 같은 프로그램을 젊은 친구들이 열광하는 것을 보고 평소 한번 도전해 보고 싶은 생각이 있었다.

마음만 먹는다고 되는 일이 아니라 선뜻 내키지 않아 망설여 왔지만 나도 쌍둥이 아들을 위한 랩 한 곡은 만들어 보자고 결심했다. 아직 랩에 대해서 아는 바가 전혀 없지만 하나하나 공부하면 과연 랩까지도 비슷하게나마 가능한지 궁금했다.

준비된 비트도 없고 가사 만들 때 라임이라든지 펀치라인 같은 것도 전혀 모르는 상태지만 차근차근 단계를 밟아간다면 가능할 것 같은 생각이 들었다.

Miracle(prod. 김세령) - DECAL(김관열)

나의 나이, 이제 60이 넘어
공기업 30 하고도 5년 바치고
시간은 갔지 참 빠르게
열심히 노력 했단다 나는 누구보다
빠르게 살려고

넌 있어 97년생 두 아들
다음세대 이어갈 나의 쌍둥이들
너의 아버진 I ain't a rich man.
허나 우리에겐 없어 세대차이가
약간 다를 뿐, 차이는 없어
허나 모든 걸 뛰어 넘는단다 부모의
사랑은 시대가 지나두

너희는 태어났지 5분 차이로
나이 40에 얻은 미라클
5분 늦은 둘째, 폐가 안보여
병원 차트에 X맨
하날 지키고 널 포기하래
나는 말했지 그래선 안 돼
지켜야 했어 그래서 무릎을 굽었네.
기적 찾아왔지 새벽에

아들 물었지
인생이 뭐냐고
폭풍우 같지만
넌 할 수 있다고
너의 인생 힘차게 걸어
때론 눈물 흘려도 끝까지 달려봐.

아들 물었지
인생이 뭐냐고
폭풍우 같지만
넌 할 수 있다고
너의 인생 힘차게 걸어

아버지가 항상 너의 곁에

다음은 나의 첫째
대령이 지나도 들리지 않는 너의 울음소리
너의 심장에, 그 작은 심장에 구멍이 생겼다네
넌 울고 있었지. 소리만 못 냈을 뿐
그래서 우리 모두 울었지 널 대신해서 소리 내어
100일이 지나서야 오른 수술대
너의 돌잔치는 백이 원 병원 침대
어린 아가, 엄마나 두려웠을까 생각에
네 엄마도 나도 두려웠지
마침내 강한 울음을 터트린 너
벽에 기대 올린 기쁨이란 눈물
감사함과 따스함이 나의 볼을 타고 흘렀지

시간이 흘러 너의 아이가 묻는다면 인생이 뭐냐고
대답을 해 주렴 용기를 주며
가끔은 쓰러지만
그건 미라클

아들 물었지
인생이 뭐냐고
폭풍우 같지만
넌 할 수 있다고
너의 인생 힘차게 걸어
때론 눈물 흘려도 끝까지 달려봐.

아들 물었지
인생이 뭐냐고
폭풍우 같지만
넌 할 수 있다고
너의 인생 힘차게 걸어

아버지가 항상 너의 곁에

랩 가사 초안

랩 가사 스토리는 아버지가 아들에게 들려주고 싶은 얘기를 소재로 해서 쌍둥이 아들이 태어났을 때의 어려움을 극복하여 훌륭히 성장해 준 데 대해 감사하고 이제는 너희들의 인생을 책임지고 잘 살아보라는 메시지를 담고자 했다.

랩 가사를 완성하고 전문 래퍼를 통해 비트를 넣었다. 제목은 '미라클'로 하고 나의 래퍼 이름을 데칼DECAL로 정했다.

멋진 랩 곡이 탄생했다. 아이들도 대만족이다.

이 자리를 빌려 나의 랩 제작에 도움을 주신 래퍼 김세령님께 감사드린다.

제5장

은퇴 시기에도
꼭 필요한 일정관리

태도는 작은 것이지만 커다란 차이를 만든다.
— 작자 미상 —

Attitude is a little thing that makes a big difference.

[1]
은퇴 시기의 계획적 삶의 중요성

품격 있는 은퇴생활은 하루의 일정 관리로부터 시작된다

은퇴 시기가 되면 자연히 현직 시절과 비교하여 일정이 적어지게 마련이다.

내 경우 과거 일정표를 보면 정말 복잡하기 짝이 없었다. 소속된 조직 내에서의 나의 마지막 보직이 대외협력처장으로 행정업무의 실질적 총책임을 맡고 있는 동시에 대외협력 업무를 주도적으로 수행해야되는 입장에서 수많은 일정 속에서 파묻혀 살아야 했다.

더군다나 그 하루하루의 일정을 어떻게 짜느냐는 그 자체가 나에게 매우 복잡하고 중요한 업무였다. 처 산하 11개 팀에서 올라오는 전자결재나 서면보고를 제외하더라도 연이어 전개되는 회의, 각종 내·외부 행사 참석, 언론사, 지역사회단체와의 각종 간담회, 각종 민원처리 등 당시 2천 명이 넘는 조직을 관리하기 위한 각종 일정을 일일이 짠다는 것은 무척 어렵고도 중요한 일이었다.

한 달 일정을 보면 가히 엄두가 나지 않을 정도였다.

당시 그 복잡한 일정관리 속에서 내가 느낀 점은 이 모든 일정도 하루하루가 모여서 한 주가 되고, 한 달이 되고, 한 해가 된다는 것이었다. 너무도 당연한 일이겠지만 우리의 하루하루의 일정은 우리의 전체 인생을 만드는 너무도 소중한 역사라는 것이다.

우연히 먼저 퇴직한 선배를 만나 이런저런 얘기를 나누다 오늘 일정이 어떠냐고 물어봤더니 퇴직한 사람이 일정이 어디 있으며 또 관리할 필요가 뭐가 있느냐라는 말을 들었을 때 순간 당황스럽게 느껴졌다.

퇴직 후라 하더라도 여전히 시간 관리는 매우 중요하며 이것으로부터 우리의 은퇴생활의 삶의 질이 결정된다고 볼 수 있다.

현역 시절의 우리들의 하루는 무척 바쁘게 소중하게 다루어졌을 것이다. 그런데 퇴직 후 은퇴자의 하루는 어찌 소중하지 않다는 말인가?

관리할 것이 뭐가 있느냐고 반문한다면 그건 대단히 잘못된 생각이라고 본다. 왜냐하면 과거 회사에 소속되어 있던 시절의 삶의 내용과 은퇴자들의 삶의 내용은 분명 다를 수밖에 없고 그 중요성을 판단하는 기준 또한 다를 수밖에 없다.

과거에 아주 보잘것없이 느껴졌던 부분도 지금은 무척 의미 있는 일들이 될 수 있고 과거에 하지 않던 일들이 은퇴자의 삶에서는 매우 중요한 일로 자리 잡을 수 있다는 것이다. 그래서 그러한 일들을 시작하는 하루의 일정은 매우 중요하고 소중한 것이다.

그뿐만 아니라 하루의 일정을 정하는 것은 은퇴 후의 삶에 새로운 목표를 실현하고 더 큰 에너지를 창출할 수 있는 시발점이 된다는 데서 우리는 큰 의미를 찾아야 할 것이다.

예를 들어 자기가 정말로 하고 싶었던 일이 있어 버킷리스트에 기록

될 중요한 소망 같은 일이 있다고 가정해보자. 그럼 그러한 일들은 어떻게 이루어질 수 있을까? 버킷리스트에 담아두고 소원만 빌면 어느 날 갑자기 이루어질 수 있겠는가?

누군가 죽기 전에 아내를 데리고 나이아가라 폭포 구경 가기를 버킷리스트에 넣었다면 언제가 그 일을 이루기 위해서는 선행되어야 할 각종 액티비티activity가 진행되어야 할 것이다.

먼저 여행사도 알아보고, 예산도 짜고, 여권과 비자도 챙기고, 일정도 확인하고 특히 아내와 잘 상의해 봐야 할 것이다. 이 하나하나의 액티비티가 오늘의 할 일정이 되는 것이고 월간 계획에 포함되어야 할 내용이 되는 것이다.

이처럼 은퇴 시기라 할지라도 하루하루를 또 한 달 한 달을 계획적인 삶으로 가져간다면 보다 품격 있는 은퇴생활을 할 수 있을 것으로 본다.

은준인隱準人이여!

은퇴 시기에도 계획적 삶은 여전히 중요하다. 하루하루의 일정을 자기의 것으로 만들어 관리하라. 그래야만이 품격 있는 은퇴생활을 전개할 수 있다.

[2]
하루, 한 달, 한 해 일정표 작성하기

은퇴 시기의 일정표 관리는 탐사와 같은 것이다

나는 지난 2년간의 임금피크제 기간 중에도 거의 빠지지 않고 일정표를 써 왔다.

매일 일정표라 하여 거창한 것이 아니다. 눈에 잘 띄는 큰 노트나 장부 같은 것을 준비하여 매일 아침 일과를 시작하면서 그날 할 일을 다 적으면 된다.

적는다기보다는 생각을 찾아내는 것이 더 맞을 것 같다. 여기서 찾아낸다는 것이 매우 중요하다. 그래야만이 여기서 많은 새로운 것이 창출되기도 하고 또 정리되기도 하는 것이다.

나의 경우는 매일매일 할 일, 일정한 주기로 할 일, 새롭게 생긴 일, 새롭게 만들어 할 일 등으로 구분하여 매일 아침 일과 개시 시간인 9시경에 책상에 앉자마자 적기 시작한다. 통상 10여 개 정도의 아이템을 적는다.

매일매일 할 일은 앞에서 언급했던 혼줄삶의 내용들이 중심이 되어

신HSK 중국어 공부, 아코디언 연습, POP 디자인 작품 만들기, 캘리그래피 작품 만들기, 서예 예서 배우기, 블로그 및 밴드 운영, 책 쓰기 등이 여기에 해당된다.

주로 주 단위로 이루어지는 일들은 무료급식소 봉사활동, 지자체 운영 프로그램 참석, 제과 제빵 만들기, 양식 요리하기, 당구 및 탁구 동아리 가기, 악기 배우러 가기, 경주 남산 등반 등이 있다.

또한 월 단위나 기타 특별한 경우의 일정으로 아내와 외식하기, 가족 기념일 챙기기, 경조사 참석하기, 병원 가기, 지역 동아리 참석하기, 지인과 골프모임, 가족 정기적 바비큐 파티, 지인과의 저녁 모임, 여행 계획 수립, 은행 업무 보기, 세차하기, 안부전화하기 등이 여기에 해당한다. 가급적 많은 일들을 기록하면 좋다.

이렇게 기록된 하나하나의 일정은 실행된 경우 붉은색으로 지워 나간다. 붉은색으로 하나하나 지워나가는 행동이 매우 중요하다. 실천력을 높이는 마력 같은 힘을 가지고 있다.

그날 계획했더라도 이루어지지 않은 사항은 그대로 놔두고 언젠가는 실천한 후에 지우도록 한다. 미결 건에 대한 관리가 철저히 될 수 있다. 만일 실현이 불가능하거나 실행할 필요가 없다면 간단히 메모 후 지워 버리면 된다. 아주 간단하다.

은퇴자가 그날의 일정표 관리하는 이 습관 한 가지만 자기 것으로 만들어도 생활이 정말 많이 달라질 것이다. 내가 실천해 본 결과 매일 일정표를 운영하고 안 하고는 큰 차이가 있다.

이 습관을 들여야 되는 이유는 은퇴자의 삶이 보다 진취적이고 건설적으로 되는 것은 물론이고 또한 중요한 것은 실수 없는 삶을 살 수 있다는 것이다.

퇴직 후 우리는 점차 늙어 가게 마련이다.

그러나 외모가 늙어 가는 것은 어찌할 수 없다 하더라도 정신이 늙어가는 것은 어느 정도 막을 수 있다고 본다. 그 출발점이 바로 하루하루의 일정을 잘 기록하는 일이라는 것이다. 깜빡깜빡 잘 잊는 그런 나이가 되고 있지 않는가? 이것보다 더 좋은 치매 예방 방법은 없는 것 같다.

이렇게 작성되는 것이 하루 일정표 작성이라면 월 단위를 일정을 한눈에 볼 수 있는 월간 일정표와 연간 계획을 볼 수 있는 연간 일정표를 함께 관리해 나간다면 계획적인 삶을 살아가는 데 도움이 될 것이다.

월간 일정표는 작은 달력보다는 비교적 많이 적을 수 있는 칸이 넓은 것이 좋다. 스마트폰으로 일정을 관리할 수 있는데 그것은 별도의 용도로 사용하고 전체 일정을 한눈에 항상 볼 수 있는 다이어리식의 일정표가 좋은데 책상 앞에 부착해 두거나 또는 책상 위에 항상 볼 수 있는 곳에 두는 것이 좋다.

전체 일정 관리는 통상 월간 일정표 중심으로 관리되는데 동아리 모임 등 각종 모임과 생일, 결혼식 등 이벤트는 물론이고 지자체 배움 프로그램 참석, 개인 약속 일정 등을 중심으로 기록되어 활용하면 된다.

이러한 월간 일정표들이 모여 연간 일정표가 되는 것이다.

은퇴 시기에도 일정표 관리는 출발이자 모든 것이다. 절대 게을리해서는 안 된다. 이것은 일정을 단순히 적는다기보다는 하루의 의미 있는 일을 찾아내는 '탐사'와 같은 일이다. 소중한 것들을 찾아내는 여러분의 귀중한 것으로 만드는 일들인 것이다. 이것들이 모여서 여러분

월간 계획표- 수시로 기록

일일 계획표 - 매일 오전 9시 작성

의 하루의 에너지를 만드는 것이고 역사가 되는 것이다.

은준인隱準人이여!
하루의 일정표와 월간 일정표 관리는 여러분의 은퇴생활의 품격을
책임지는 코어core이다. 절대 게을리해서는 안 된다.

품격 있는 은퇴 준비로 인생 2막을 리셋하자

인생 2막이라 일컫는 우리의 은퇴 시기를 정말로 나이스한 시간으로 만들기 위해서는 무엇보다도 자기 주도적인 은퇴 준비 시간을 가져야 한다.

나의 경우 약 2년간의 시간으로 기본적인 준비를 진행시켜 왔다.

이 준비가 만족스럽고 완벽하다고는 할 수는 없다. 무엇을 준비해야 하는지 조금만 일찍 알았더라면 정말 더 멋진 준비를 갖출 수 있었다고 생각된다. 하지만 몰랐기 때문에 더 열정적으로 준비해 왔는지도 모른다.

아무튼 이러한 준비 과정을 통해 퇴직 후에도 자연스럽게 그 준비 과정을 이어 갈 수 있었다는 것은 나의 인생 2막의 삶에 미치는 영향은 엄청난 차이를 주고 있다.

은퇴를 준비하는 모든 사람들이 나와 똑같이 할 필요도 없고 할 수도 없다. 모든 준비과정상 내용도 각자의 판단과 스타일에 따라 찾아서 정하면 되는 것이지 정답이 있는 것은 아니기 때문이다.

나의 경우는 일반 퇴직자에 대한 종합적인 퇴직 준비 지침서가 마련되어 있지 않은 상황 속에서 짧은 시간에 일일이 발굴하고 정리하는 어려운 과정에서 고안해 낸 틀이라 다소 미흡할 수도 있다고 본다. 그러나 나는 나의 이러한 틀을 기초로 한 은퇴 준비의 방법에 깊은 신뢰를 가지고 있다.

왜냐하면 나는 이 방법에 근거해서 나의 경험을 통해 진행시킨 이번 준비로 나의 은퇴 시기의 시간이 너무도 흥미롭고 또한 의미 있게 느껴지는 것이다. 이것이야말로 진정 '품격 있는 은퇴생활'이 아닌가 자부한다. 너무나 만족스럽다.

하지만 그 과정이 그리 쉽지만은 않았다. '은퇴 준비 4가지 영역' 프로그램을 진행하는 과정에서의 나의 상대는 대부분의 경우 고등학생 아니면 젊은이였다. 중국어 시험을 보러 갈 때나, 양식 요리를 배우기 위해 요리학원을 다닐 때도, 제빵 기술을 배우기 위해 학원을 다닐 때도 항상 내 주위에는 아들보다도 어린 고등학생이나 대학생들과 같은 젊은 사람이 함께 했다.

그래서 나는 나의 라이벌은 항상 고등학생이라고 말하고 있다. 그들에게 나이 들은 나 같은 사람도 뭔가를 할 수 있다는 교훈을 심어 주고 싶었다. 항상 먼저 출석하고 설거지 등 모든 면에서 모범적인 모습을 보여주려 노력했다. 인생을 열심히 살라는 무언의 메시지를 주고 싶었다.

제빵사와 양식조리사 시험을 1년 내 필기와 실기를 모두 한 번에 합격하기는 쉽지 않다고 한다. 퇴직을 하더라도 아직 뭐든지 도전할 수 있다는 것을 말해 주고 싶었다. 특히 쌍둥이 아들에게. 시작은 항상 어럽지만 차근히 해나가면 모든 것들이 큰 결실로 맺어진다는 것을 확인할 수 있는 시간이 되었다.

지난 2년간의 준비 과정에서 나는 정말 많은 것을 실현했다. 이제 나에게 많은 새로운 타이틀이 생겼다. 대외협력처장의 마지막 직함을 이제 조용히 내려놓았다. 이제 나의 새로운 타이틀은 은퇴 준비 전문 작가, 'ART 코치 국내 1호', 은퇴 전문 강연가, 김관열의 요리교실 홈 셰프, POP 디자인 지도자, 캘리그래피 지도사, 아동요리1급 지도사, 홈베이커리 '킬리만자로' 제빵 연구사, 작사가, 이모티콘 작가 지망생, 래퍼 데칼DECAL, 은퇴 후 나의 생활공간 'ART SPACE 19' 주인장 등이다.

새로운 인생 2막의 시작을 이렇게 많은 화려한 타이틀로 시작할 수 있다니 큰 기쁨이 아닐 수 없다.

퇴직을 하고 새로운 은퇴 시기를 맞는 지금 이 시간이 바로 여러분의 인생 2막을 리셋reset 해야 할 시간인 것이다.

통상 리셋reset은 당초 기기 장치에서 시스템의 일부가 가열 현상을 일으키거나 노이즈noise 등에 의해 동작이 이상하게 되었을 때 버튼을 누름으로써 장치의 일부 또는 시스템 전체를 미리 정해진 상태로 되돌리는 것을 말하는데, 우리의 인생 2막도 지금부터 자기 주도하의 품격 있는 삶으로 하기 위해 리셋 되어야 할 것이다.

지금까지 살아오는 동안 약간 오류가 있고 고장 나고 부족한 부분들을 이 '리셋reset'을 통해 인생 2막을 다시 출발하는 것이다.

우리의 '인생 2막'이 우리의 '인생 1막'보다도 더 품격 있고 의미 있는 삶이 되기를 나는 진정 소망한다.

나는 이번 은퇴 준비 지침서를 준비하는 과정에서 '배움'과 '베풂'이 우리 인생에 가장 큰 즐거움이라는 것을 깨달았다. 나의 '은퇴 준비 4 영역'의 각 아이템은 모두 '배움'과 '베풂'으로 밑돌이 깔려 있다.

이러한 준비 작업의 근간은 결국 '시간관리'에서 출발한다는 것도 확인되었다. 결국 자기 주도적인 계획 하에 엄격한 '시간 관리'를 통해 끊임없이 배우고 도전하며 주위를 보살피고 베풀어갈 때 우리의 '인생 2 막'의 은퇴 시기가 가장 품위 있고 행복한 삶이 아닌가 생각된다.

| 감사의 글 |

35년간의 직장 생활을 끝냈다.

나의 첫 번째 책 쓰기가 완성되었다.

그동안 힘이 되어 준 아내에게 감사한다.

나는 매일 아침 식사시간 때마다 작업 내용을 참새처럼 조잘거렸다.

듣고 있던 아내는 항상 혹독한 비평을 가한다.

그래서 나는 아내를 소크라테스의 악처라 불렀다.

그래서 여기까지 온 것이다.

아내의 보이지 않는 이끌림이 있지 않았겠는가?

나의 스토리의 상당 부분이 아내와 연계되어 있다.

아마도 이제는 자연스럽게 그곳으로 돌아가고 싶어서겠지.

풀 한 포기 나지 않는 사막이었다.

그곳에 나무를 심고 작은 샘 하나를 만들었다.

어려웠지만, 누군가 와서 물 한 모금 마실 수 있다면 그것으로 족하다.

기쁨이 크다.

만일 내가 이러한 작업 없이 지난 2년의 시간을 보냈다면 오늘의 이 희열을, 이 기쁨을, 미래에 대한 나의 기대감은 길을 잃고 방황하고 있었을 거다.

품격 있는 은퇴생활이라니 그 발상 자체가 아름답다.

그냥 행복한 은퇴생활도 아니고 품격이라니, 마음에 꼭 든다.

그렇게 살고 싶다.

이 책을 읽는 많은 분들이 또 그렇게 살고 싶을 게다.

끝까지 읽어주신 '은준인' 여러분께 감사드린다.

책 제목을 정하느라 심하게 시달렸다.

30개 정도가 계속 아른거려 많이 망설였다.

그만큼 욕심이 많아서겠지.

욕심을 버리니 '은퇴를 준비하는 사람들'이 눈에 들어왔다.

그런데 좀 재미없었다.

그래서 줄였다.

은준인隱準人이라고.

취업을 준비하는 취준생就準生처럼.

난 새롭게 태어난 이 단어가 사람들 입에서 전달되기를 바란다.

그래야만이 은퇴준비의 소중함이 사람들 입을 통해 마구 전달될 수 있기 때문이다.

감사하고 또 감사하다.

책을 만들어 주신 와일드북에도 감사한다.

책 쓰기를 마치고 오직 한 군데만 보냈다.

와일드북이 한국평생교육원의 출판 브랜드란다.

그게 맘에 들었다.

졸작을 하루 만에 선뜻 수용해주시다니 감동이었다.

난 이제 작가다. 나이 60에 이룬 나의 꿈, 나는 이제 작가의 길을 조용히 걷고 싶다.

내 머릿속에 있는 실타래를 이제 하나씩 끄집어내어 풀고 싶다.

그 시간이 온 것이다.

30-30-30

인생의 마지막 30이 가장 빛나고 품격 있기를 바라며

모두에게 감사한다.

작가 김관열

내 블로그
홈 베이커리 '킬리만자로' 중 발췌

할 수 있다고 생각하는 사람들이 승리할 수 있다.
— 리처드 바크 —

Those who win are those who think they can.

김관열의 홈 베이커리 '킬리만자로 2탄'

아내가 시판하래요, 바게트 불란서 빵

오늘은 바게트라 불리는 불란서 빵을 만들었다.

학원에서 배우지는 않았지만 재료도 간단하고 공정도 어려움이 없을 것 같아 쉽게 도전하였는데 여간 어렵지 않아 결국 엉성하고 이상한 불란서 빵이 탄생하였다.

홈 베이커리 두 번째 작품으로 집에서 오븐기로 발효를 하니 아무래도 감이 안 잡혀 마지막에 칼집을 내는데 빵 껍질이 부서지고 매끈하고 세련되게 나오지 않았다.

학원 선생님께 문자해 보냈더니 발효가 너무 되었다고 한다.

좋은 경험이었다.

천신만고 끝에 빵을 다 구우니 윗부분은 좀 타고 모양도 이상한 바게트가 탄생했다. 어찌 했든 한 개를 잘라 마늘과 파슬리 넣어 버터 녹인 것을 발라 오븐에 살짝 구워 아내에게 주니 배시시 웃으며 무조건 시판하란다.

농담인 줄 알지만 기분은 좋았다. 다른 분들께 나눠 드리려고 바게트 봉지에 하나씩 넣었다. 참 기쁘다.

오늘은 누굴 드릴까?

가장 간단하면서 가장 어려운 빵이 바게트 빵이다.

김관열의 홈 베이커리 '킬리만자로 3탄'

파는 빵과 꼭 같아요. 행복 듬뿍 단팥빵

주말을 맞아 아침부터 단팥빵을 만들었다. 처음 만들어보는 단팥빵이지만 차근차근 정리한 레시피에 따라 진행하니 빵이 완성되었다.

윗부분이 약한 어두운 색이 나는 것은 달걀 물을 1:4 비율로 물을 혼합해야 하는데 그냥 달걀만을 사용하는 실수를 범했기 때문이다. 다음부터 주의해야 할 부분이다.

아무튼 공정은 믹싱, 1차 발효 25분, 40g 분할, 둥글리기, 10분 중간 발효를 거쳐 성형 단계에서 가스 빼기, 앙금 넣기, 봉하기, 뚫기를 한다. 이어서 팬닝을 하고 30분간의 2차 발효를 거쳐 15분간 굽기를 하면 완성된다.

그런데 단팥빵 위에 구멍 뚫는 도구가 없어 고민하다 일단 계란 뾰족한 부분으로 누르고 끝 부분을 해라로 누르니 비슷해진 것 같았다. 그리고 역시 가정용 오븐을 가지고 발효와 굽기를 조절하는 것은 어려운데 그래도 조금씩 적용되어 가는 것 같다.

아무튼 포장지에 넣어 아내에게 갖다 주니 빵집에서 파는 빵이랑 똑

같다고 신기해한다.

나도 신기하다.

구운 후 빵을 냉동실에 넣었다가 먹을 때 자연 해동시켜 커피와 먹으면 제격이다.

김관열의 홈 베이커리 '킬리만자로 7탄'

팔(8)자가 꼬이네요! 단과자빵 트위스트형

오늘은 단과자빵 트위스트형에 도전했다.

8자형, 더블 8자형, 달팽이형 3가지 종류를 제작해야 하는 품목이다.

아내가 좋아하는 종류의 빵이라 더욱 신경이 쓰인다.

요즘 주말은 아내에게 요리보다 빵을 많이 만들어 주는데 항상 정겹게 받는다. 아내는 정말 빵을 좋아하는 모양이다.

처음 만들어 보는 빵이라 우선 책을 보고 배합표를 18개 분량으로 조정했다. 그리고 제작 순서를 충분히 숙지하고 동영상을 보면서 이미지 트레이닝을 마치고 Start! Let's go!

계량과 1차 발효, 50g 분할, 둥글리기와 중간발효까지 모든 것이 순조롭게 진행되는 것처럼 보였다.

이제 성형 단계, 얼굴 성형처럼 제대로 변신시켜줘야 될 텐데.

아뿔싸! 8자 꼬기, 더블 8자 꼬기가 영 안 되는 게 아닌가!

발효는 자꾸 되어 가고 일단 달팽이 모양부터 몇 개 만들고 유트브

258

를 돌려 8자형 꼬기의 쉬운 방법을 터득하여 어렵게 마감했다.

정말로 나에겐 좋은 경험이었다.

성형 완성하고 2차 발효 후 구워보니 그런대로 괜찮아 보인다.

이젠 꼬기는 자신 있다. 꼬시지는 못해도.

8자형과 더블 8자형은 연습을 충분히 하고 진행해야 한다.

김관열의 홈 베이커리 '킬리만자로 9탄'

정말 맛있어요, 찬사&찬사 모카빵

일요일 아침, 계속되는 폭염의 더위 때문에 아침 일찍 9탄의 작업을 추진했다. 아직 학원에서 배우지 않은 것 중에 호밀빵을 할까 모카빵을 할까 망설이는데 아내가 모카빵이라고 외쳤다.

그래서 오늘은 모카빵을 만들기로 결정했다.

반죽용 재료를 먼저 계량을 하여 반죽 단계를 거쳐 1차 발효에 들어갔다.

이 시간을 이용하여 토핑물 비스킷을 크림법으로 진행하여 이를 비닐에 싸서 냉장 휴지했다. 1차 발효를 마친 반죽을 끄집어내어 250g으로 분할, 둥글리기, 중간발효를 거친 후 성형단계를 거쳐 팬닝한다. 이어서 토핑물을 성형하고 반죽 위에 올린다.

팬닝한 팬을 2차 발효하고 굽기 단계를 거쳐 완성했다.

팬이 적은 관계로 빵끼리 붙어 약간의 상처와 토핑물이 가장자리 일부가 이탈하였지만 모양은 그럴싸하다.

3개를 만들어 아내에게 주었더니 한 개는 같이 나눠 먹고 한 개는 같은 아파트 사는 언니에게 주고 나머지 한 개는 내일 친한 지인들과 나눠 먹을 예정이라 한다. 빵 파티네.

 그냥 뿌듯함이 밀려온다.

정말 맛있는 빵이다. 레시피에 따른 정확한 계량은 빵의 생명이다.

김관열의 홈 베이커리 '킬리만자로 15탄'

가을이 왔구나! 진짜 밤 같은 밤만주

제빵기능사 국가기술자격증 취득 후 오늘은 주말을 맞아 아내에게 제과 분야 제품 중 먹고 싶은 게 없느냐는 물었더니 대답은 한마디로 '밤만주'였다.

밤과자라 불리는 이 밤만주를 싫어하는 사람은 없는 것 같다.

재료를 점검하니 흰 앙금과 카라멜 색소만 있으면 오케이다.

밤만주는 사실상 제작과정이 아주 재미있다.

밤 모양을 그대로 연출하는 것이 포인트다.

제작 과정에서 계란을 정량대로 사용하지 않고 깨트린 걸 다 사용해 애를 먹었다. 추가 반죽이 원래 있는 과정이지만 반죽의 농도를 맞추기가 쉽지 않았다.

첫판은 몇 개가 갈라졌지만 대성공, 둘째 판은 더 잘해 보겠다고 성형 후 밤 위를 손바닥으로 살짝 누른 것이 완성 후 배가 홀쭉해졌다.

아? 그렇구나. 이건 제빵이 아니지.

아무튼 완성될 무렵 모임을 마친 아내에게 전화가 왔다. 아내 친구들이 밤만주를 먹고 싶다고 가지러 오겠단다.

한 봉지 넣어 줬더니 난리다. 너무 맛있단다.

처남과 동서와의 식사 모임에 포장해서 가져갔더니 아까워서 못 먹겠단다. 무조건 또 빵집 열자고 한다.

그래도 될까? 바보처럼 믿는다.

모양이 진짜 밤 같다. 그런데 맛도 잘 삶은 밤같이 맛있다.